Spanish Short Stories For Beginners:

17 Engaging Stories with Common Words, Phrases and Easy Language Lessons. Learn How to Speak Spanish Like Crazy in Your Car and Master Your Vocabulary in 21 Days!

International Learning Academy

Table of Contents

Chapter 16: ¿Dónde están Los Monos? / *Where are the Monkeys?* 142

Chapter 17: Vamos al Parque, la Vista de un Perro/*Let's Go to The Park, A Dog's View* 149

Chapter 18: Una Noche con Amigos /A Night Out *with Friends* 155

Conclusion 165

Introduction

Learn Spanish by listening to stories. You will learn the language by hearing the words in normal everyday conversations. *Spanish Short Stories for Beginners:17 Engaging Stories with Common Words, Phrases and Easy Lessons* is a thorough introduction to the Spanish language with the words you need to know to become a speaker of Spanish. The stories include situations related to travel on vacation and business. There are stories to show how to celebrate with close and extended family. Use the stories to know how to learn and communicate in Spanish.
language. You will be impressed with just how much you learn from storytelling. The stories are interesting and include normal words that you will use to converse with native speakers.

Learning a language can be intimidating. This book makes it easy. Learning to speak Spanish by reading stories is a natural way to learn the language. The ability to hear and understand the stories is not only possible, but it's also the goal of the book. By then the final story, you will be familiar with a variety of words that are commonly used by regular people, in the forms that they are usually used.

The stories provide insight into the life and times of people doing the things that you do or will do in your travels. You will learn how to purchase items from a store and order food and drinks at a restaurant. You will know the words of polite conversation and what is expected while interacting with waitstaff and shopkeepers. This book is full of useful dialogues that can be used to maneuver through a typical day in Spanish. Don't be caught out of sorts. Practice the dialogues and know how to respond to questions.

You will be able to ask an acquaintance about their family, tell the doctor and dentist about your feelings and health, and ask for directions to the airport. Most of all, you will be able to understand the replies you receive. The stories give the ability to hold conversations to not only get along among speakers of Spanish, but you will also be able to learn about them and have a normal conversation.

Learn about animals, food and the world around you. This book supplies the tools to be a conversationalist in a new language at a beginner's level. Use the tools and information to obtain a general basic knowledge of the Spanish language. Enjoy yourself and learn a new language in this easy way.

Chapter 1: ¡Aprendamos! / *Let's Learn!*

Let's start off by learning how to speak Spanish by learning the sounds of each letter in the Spanish alphabet. Many of the letters sound the same in both Spanish and English. There are a few letters that are found only in Spanish. With practice, you will be able to understand the letters when you hear them. Below is a chart of all the letters of the Spanish alphabet with their pronunciation. After going through all the letters, you will begin to have an "ear" for the language and be on your way to speaking and understanding Spanish.

Spanish Alphabet

Letter	Name of Letter	Pronunciation
a	a	Sounds like "a" in mambo
b	be	Sounds like "b" in baseball
c	ce	If followed by an "i" or "e" pronounced like the "c" in certain, by other vowels like the "c" in coral.
ch	*che*	*Sounds like the "ch" in teacher*
d	de	Sounds like "d" in dog
e	e	Sounds like "e" in hey

f	efe	Sounds like "f" in father
g	ge	If followed by an "i" or "e" pronounced like the "h" in hen, otherwise, sounds like "g" in gum
h	**hache**	**The letter "h" at the beginning of words, is not pronounced.**
i	i	Sounds like "ee" like in street
j	**jota**	**Sounds like "h" in huge.**
k	**ka**	**Not a letter in Spanish. Used in foreign works like "kilo"**
l	ele	Sounds like the "l" in letter
ll	*elle*	*Sounds like "y" in yellow*
m	eme	Sounds like the "m" in mother
n	ene	Sounds like the "n" in nut
ñ	*eñe*	*Sounds like "ny" in canyon*

o	o	Sounds like "o" in oh
p	pe	Sounds like "p" in purple
q	**cu**	**Followed by a "u" as in English but 'qu' is followed by an "i" or an "e". It is pronounced like the letter "k" in kite**
r	ere	Sounds like "r" in river
rr	*erre*	*Sounds like "rr" in carrier. Roll the tongue when pronouncing the sound of "rr"*
s	ese	Sounds like "s" in sister
t	te	Sounds like "t" in tuna
u	u	Sounds like "u" in unit
v	**ve**	**Sounds like "b" better**
w	**doble ve**	**Not a letter in Spanish. Used in foreign works like "wiski"**
x	equis	Sounds like "x" in exit

y	i griega	Sounds like "y" in yes
z	**zeta**	**Sounds like "th" in thin**

As you can see in the chart, most letters have only one pronunciation. That makes it easier to master the sounds of the letters. Study the chart and practice saying the letter and become familiar with the sounds created by each letter.

The letters that are different from the English pronunciation are highlighted **bold**. Letters that are found in Spanish, but not English are highlighted in *italics*.

Learning the various differences in pronunciation will make understanding spoken Spanish easier to recognize and allow you to mimic the sounds you will hear from native speakers.

When vowels are Grouped Together

When you see vowels together, it is important to remember that the same rules will apply as far as pronunciation. The letters will have the same sounds, but they are spoken quickly and seem to blend together. So a word like, *juego* (game), will sound like ju-**e**-go or **hwe**-go. As you use the word more often, the first three letters blend into one continuous sound, though each letter is pronounced. This is true for words like *siete* (seven), which will sound like see-**e**-te. Pronounce each letter quickly and it will naturally blend into a familiar sound.

Intonations and Accents

When reading words, it is helpful to know which syllable to stress when pronouncing the word. In general, if the word ends in the letter's "n", "s" or a vowel, the second to last syllable is stressed. If the word ends in any other letter, the stress is on the last syllable. If there is an accent over a different syllable, the accent indicates which syllable should be stressed.

When words do not comply with these rules, an accent is used to note which syllable should be stressed. This includes words like:

aquí (here)
canción (song)
exámenes (exams)
también (also)
inglés (English)
árbol(tree)
cárcel (jail)
débil (weak)

There are also some common words that have different meanings with an accent than without an accent.

el (the)	él (he)
se (indirect object pronoun)	sé (I know)
si (if)	sí (yes)
te (object: you)	té (tea)
tu (your)	tú (you)
como (I eat/like or as)	¿cómo? (how?)

Words that ask a question always use an accent. *¿quién?* (who?), *¿qué?* (what?), *¿dónde?* (where?), *¿cuándo?* (when?), *¿por qué?* (why?), *¿cómo?* (how?), *¿cuál?* (which?), and *¿cuánto?* (how much/many?).

If these words are used in a sentence without a question mark, an accent is not used. The use of the word becomes a pronoun. Compare, *¿Quién viene aquí?* (Who is coming here?) to *Yo sé quién viene* (I know who is coming). The use of the word changed, and the accent is removed when it is not a question.

Chapter 2: Los Hoteles del Centro son Más Caros / *The Hotels Downtown are More Expensive*

Parte 1

Raúl Lanza está planeando una visita a Barcelona con su esposa y dos **hijos** adolescentes. No está seguro si quiere quedarse en un hotel grande o en uno más pequeño. Será su primer **viaje** a España. Su esposa ha estado antes y está recomendando una pequeña posada cerca de Barcelona. Raúl llama a la **posada** para ver si tienen habitaciones disponibles cuando él y su familia estarán allí. Habla con la dueña de la posada, Gabriela.

Raúl: Hola, estaré en España del 7 al 15 de junio. ¿Tienen habitaciones disponibles?

Gabriela: Tengo **habitaciones disponibles** esos días. ¿Necesitas una habitación individual o una habitación doble?

Raúl: Necesito una habitación para mi esposa y yo, y tenemos un niño y una niña de 15 y 16 años. ¿Tienes dos habitaciones para nosotros?

Gabriela: Si. Tenemos dos habitaciones una al lado de la otra.

Raúl: ¿Hay baños en las habitaciones?

Gabriela: Si. Hay un **baño con ducha** en cada habitación.

Raúl: Gracias. Me **gustaría reservar** las dos habitaciones.

Gabriela: Si señor. Te tengo llegando el 7 de junio, salir el 15 de junio. El check-in es a las 3:00 pm y el check-out es a las 12:00 pm. ¿Necesitarás **transporte desde el aeropuerto**?

Raúl: No, gracias. Voy a **alquilar un auto**.

******

*Raul Lanza is planning a visit to Barcelona with his wife and two teenage **children**. He is not sure if he wants to stay in a large hotel or a smaller one. It will be his first **trip** to Spain. His wife has been* *before and is recommending a small **inn** near Barcelona. Raul **calls** the inn to see if they have any rooms available when he and his family will be there. He talks to the owner of the inn, Gabriela.*

Raul: Hello, I will be in Spain from June 7 through June 15. Do you have any rooms available?

*Gabriela: I have **rooms available** on those days. Do you need a single room or a double room?*

Raul: I need a room for my wife and me and we have a boy and a girl who are 15 and 16 years old. Do you have two rooms for us?

Gabriela: Yes. We have two rooms next to each other.

Raul: Are there bathrooms in the rooms?

*Gabriela: Yes. There is a **bathroom with a shower** in each room.*

*Raul: Thank you. **I would like to book** the two rooms.*

*Gabriela: Yes, sir. I have you arriving on June 7, checking out on June 15. Check-in is at 3:00 pm and Check-out is at 12:00 pm. Will you need **transportation from the airport**?*

*Raul: No, thank you. I am going **to rent a car**.*

Parte 2

Cuando Raúl y su familia llegan al aeropuerto de Barcelona, Raúl localiza el **mostrador de alquiler de vehículos**. Hay un joven detrás del mostrador con una **etiqueta** con su nombre. Se llama Félix.

Félix: Buenas tardes, señor. ¿Tiene una reserva?

Raúl: Si. Aquí es mi número de reserva.

Félix: Gracias señor. ¿Te gustaría una actualización a un **descapotable**? El clima será perfecto.

Rogelio: Sí papá. Consigue el descapotable. Será mejor que un simple sedán.

Raúl: ¿Qué **piensas**, esposa?

Jenni: Suena divertido.

Félix: Bien. Hay un **servicio de transporte** a su automóvil que sale en treinta minutos. Vamos a **ponerte en camino**.

******

*When Raul and his family arrive at the airport in Barcelona, Raul locates the **car rental counter**. There is a young man behind the counter wearing a nametag. His name is Felix.*

Felix: Good afternoon, sir. Do you have a reservation?
Raul: Yes. Here is my reservation number.

*Felix: Thank you, sir. Would you like an upgrade to a **convertible**? The weather will be perfect.*

Rogelio: Yes, Dad. Get the convertible. It will be better than a plain sedan.

*Raul: What do you **think**, wife?*

Jenni: It sounds like fun.

*Felix: Good. There is a **shuttle** to your car leaving in thirty minutes. Let's **get you on your way**.*

Parte 3

La familia está toda en el auto. Por suerte, pueden **meter** todo su **equipaje** en el **maletero**. Todos los coches son pequeños en España. Comienzan el viaje a la posada.

Raúl: Gracias a Dios, el coche de alquiler está **equipado** con navegación.

Jenni: Lo sé. No tengo idea de cómo **llegar** a la posada. Tenemos unas horas antes del check-in. La navegación dice que tomará una hora.

Raúl: Si es **demasiado temprano** para registrarse, podemos dejar nuestras maletas en la posada y encontrar un lugar para **cenar**. Estoy empezando a tener hambre.

Rogelio: Yo también. Han pasado horas desde que **comimos**.

Rocio: Siempre **tienes hambre**.

Jenni: Puede que tengamos que **esperar** hasta que **abran** los restaurantes. Creo que puede ser la siesta. Aquí, toma algunas **almendras**. Vamos a comer pronto

La familia continúa siguiendo la navegación. Cuando **se acercan** al hotel, lo que su esposa predijo es cierto, casi todo está cerrado. Es siesta.

Raúl: Jenni, ¿tienes un sándwich en tu **bolso**? Tengo mucha hambre ahora.

Jenni: Mientras **llenabas formularios** para alquilar el auto, pude **comprar jamón y queso** en el aeropuerto.

Raúl: Buen pensamiento. **Busquemos** un parque para **sentarnos y comer**.

******

*The family is all in the car. Luckily, they are able to **fit** all their **luggage** in the **trunk**. All cars are small in Spain. They start the drive to the inn.*

*Raul: Thank goodness the rental car is **equipped** with navigation.*

*Jenni: I know. I have no idea how **to get to** the inn. We have a few hours before check-in. The navigation says it will take one hour.*

*Raul: If it is **too early** to check in, we can leave our bags at the inn and find a place to **dine**. I am getting hungry.*

Rogelio: Me too. It has been hours since we had a meal.

*Rocio: You are **always hungry**.*

*Jenni: We may **have to wait** until the restaurants **open**. I believe it may be siesta. Here, have some **almonds**. We will eat soon.*

*The family continues to follow the navigation. As they **near** the hotel, what his wife predicted is true, most everything is closed. It is siesta.*

*Raul: Jenni, do you have a sandwich in your **bag**? I am very hungry now.*

*Jenni: While you were **filling out forms** to rent the car, I was able to **buy ham and cheese** at the airport.*

Raul: Good thinking. Let's find a park to sit and eat.

Parte 4

La familia se sienta, come y **disfruta del cálido sol**. Raúl y Jenni disfrutan de las montañas que **los rodean**, pero sus hijos prefieren la **ciudad**.

Rogelio: Me gustan las montañas, pero la ciudad es mejor.

Rocío: La arquitectura de la ciudad es maravillosa y hay **tanta gente**. Es vibrante **Volvamos** mañana para ir de compras. Tal vez podamos ir al museo.

Jenni: **Haremos** todo eso. Primero, es hora de registrarse en la posada. Ya casi es hora.

Raúl: Ahora que he comido, me gustaría una siesta.

Rogelio: ¡Papá! Estamos de vacaciones. Vamos a ir de excursión en su lugar.

Jenni: No **te preocupes**, Raúl. Puedes **dormir** en el avión cuando volvamos a casa.

******

*The family sits and eats and **enjoys the warm sun**. Raul and Jenni are enjoying the mountains **around them,** but their children prefer the **city**.*

Rogelio: I like the mountains, but the city is better.

*Rocio: The architecture of the city is wonderful and there are **so many people**. It is vibrant. Let's **go back** tomorrow **for shopping**. Maybe we can go to the museum.*

*Jenni: **We will do** all of that. First, it's time to check into the inn. It is nearly time.*

Raul: Now that I have eaten, I would like a nap.

Rogelio: Dad! We are on vacation. Let's go hiking instead.

*Jenni: Don't **worry**, Raul. You can **sleep** on the plane when we go home.*

<u>Resumen</u>

Una familia viaja a Barcelona. Se quedan en una pequeña posada aproximadamente una hora de la ciudad. Alquilan un coche para conducir hasta la posada, pero no pasa nada en el pueblo más pequeño porque es hora de la siesta. La familia se detiene para comer la comida que la madre ha traído con ella y disfrutan del paisaje hasta que es hora de registrarse en la posada.

<u>Summary</u>

A family travels to Barcelona. They are staying at a small inn about an hour from the city. They rent a car to drive to the inn but there is nothing happening in the smaller town because it is time for siesta. The family stops to eats food the mother has brought with her and they enjoy the scenery until it is time to check into the inn.

Vocabulary

Spanish	Pronunciation	English
abrir	ah-**breer**	**to open**
acercarse	ah-sayr-**car**-say	**to get nearer**
almendras	all-**men**-drahs	**almonds**
alquilar un auto	ah-key-**lar** un **ow**-toe	**rent a car**
baño con ducha	**bahn**-yo cone **doo**-cha	**bathrooms with shower**
bolso	**bowl**-so	**bag**
cenar	say-**nar**	**to dine**
comer	ko-**mair**	**to eat**
comprar	com-prahr	**to buy**
demasiado temprano	day-mah-zee-**ah**-do tem-**prahn**-oh	**too early**
descapotable	des-cah-poh-**tah**-blay	**convertible (car)**
disfrutar del cálido sol	dis-froo-**tar** dell **cah**-lee-doh sole	**to enjoy the warm sun**
dormir	door-**meer**	**to sleep**
equipaje	ee-kip-**ah**-hay	**luggage**
equipar	ee-kip-**arr**	**to equip**
estar cerrado	eh-**star** sair-**rah**-doh	**to be closed**
etiqueta	eh-tee-**kay**-tah	**nametag**
gustar reservar	goo-**star** reh-ser-**var**	**to like to reserve**
habitaciones disponibles	ah-bee-tah-see-**oh**-nays dees-pone-**nee**-blaze	**available rooms**

hacer	ah-**sair**	to make, do
hijos	**ee**-hoes	**children**
ir de compras	eer day **cohm**-prahs	**to go shopping**
jamón y queso	ham-**ohn** ee **kay**-soh	**ham and cheese**
llamar	yah-**mar**	**to call, to be called**
llegar	yay-**gar**	**to arrive**
llenar formularios	yay-**nahr** for-moo-**lar**-ee-os	**to fill out forms**
maletero	mah-let-**air**-oh	**car trunk**
meter	meh-**tair**	**to put**
mostrador de alquiler de vehículos	mow-**strahr** day al-key-**lair** day vee-**ick**-u-los	**car rental counter**
pensar	pen-**sahr**	**to think**
ponerte en camino	poh-**nayer**-tay in cam-**ee**-noh	**to get you on your way**
posada	poh-**sah**-dah	**inn**
preocuparse	pray-occ-ooh-**par**-say	**to be worried**
rodearse	roh-dee-**ar**-say	**to surround**
servicio de transporte	sayer-**vee**-see-oh day trans-**port**-tay	**shuttle**
tanta gente	**tahn**-tah **hen**-tay	**a lot of people**
tener que esperar	ten-**air** kay ess-pair-**rahr**	**to have to wait**
transporte desde el aeropuerto	trans-**por**-tay **des**-day el air-o-**pwair**-toe	**transportation from the airport**
viaje	vee-ah-**har**	**to travel**
volver	vole-**vair**	**to return**

<u>Questions about the story</u>

1. **¿A dónde va la familia?**

    a. Sevilla
    b. Monte Carlo
    c. Barcelona

2. ¿ Cómo llegó la familia a la posada?

    a. Coche
    b. Tren
    c. Autobús

3. ¿Qué come la familia in el parque?

    a. Tacos
    b. Helados
    c. Jamón

<u>Answers</u>

1. **c**
2. **a**
3. **c**

Chapter 3: Hay mucho calor. Vamos a la Playa / *It's so hot. Let's Go to the Beach*

Parte 1

El sol brilla y las temperaturas están **aumentando**. La **única forma** en que Juana puede pensar para **refrescarse** es ir a la **playa**. Ella llama a su amiga para ver si quiere ir.

Juana: Marina, ¿**quieres ir** a la playa? Tengo mucho calor hoy.

Marina: Sí. **Estoy en el trabajo** ahora. Terminaré en una hora. No tenemos aire acondicionado aquí y es **incómodo**. Te veré en la playa, pero tengo que **averiguar** cómo llegar desde aquí.

******

*The sun is shining and the temperatures are **soaring**. The **only way** Juana can think to **cool off** is to go to the **beach**. She calls her friend to see if she wants to go along.*

*Juana: Marina, **do you want to go** to the beach? I am so hot today.*

*Marina: Yes. **I am at work now**. I will be done in an hour. We do not have air conditioning here and it is **uncomfortable**. I will meet you at the beach, but I **have to find out** how to get there from here.*

Parte 2

Marina fue a ver a su **jefe** para asegurarse de que pueda irse a tiempo.

Marina: Señora, ¿tiene algo más que **pueda hacer** hoy? Estoy planeando ir a la playa.

Jefe: La playa suena refrescante, especialmente en un día como hoy.

Marina: Sí, **lo sé**. ¿Sabes cómo **llegar desde aquí?** Nunca he estado en la playa desde esta dirección. Quiero ir directamente desde aquí, así que necesito comprar un **traje de baño** en el camino.

Jefe: Seguro. Vas hacia el norte por la calle 20 hasta llegar a Calle Playa. Luego **gire** a la **derecha** en Calle Playa. Y hay una tienda muy linda en camino. Cerca de una milla de la playa. Se llama Arena y Sol. Está en la esquina **noroeste** de Calle 20th y Camino Corona. **Amo** la playa. Siempre encuentro los conjuntos más lindos allí.

El jefe de Marina siempre sabe dónde **obtener** las buenas **ofertas**. Ella es la persona adecuada para preguntar.

******

*Marina **went** to her **boss** to make sure she can leave on time.*

*Marina: Hi Boss, do you have anything **else for me to do** today? I am planning to go to the beach.*

Boss: The beach sounds refreshing, especially on a day like today.

*Marina: Yes, **I know**. Do you know how to **get there from here**? I have never been to the beach from this direction. I want to go directly from here so I need to buy a **swimsuit** on the way.*

*Boss: Sure. You go north on 20th street until you get to Beach Road. Then you take a **right** onto Beach Road. And there is a really cute store on the way. About a mile from the beach. It's called Sand and Sun. It's on the **Northwest** corner of 20th Street and Corona Road. **I love** the beach. I always find the cutest outfits there.*

*Marina's boss always knows where to **get** good **deals**. She is the right person to ask.*

Parte 3

Marina está feliz de dejar el **calor rancio** de la oficina y estar afuera en el calor **húmedo** del aire libre. Debe estar a 90 grados afuera. Ella **encuentra** la **tienda** y su jefe tiene razón. Hay una gran venta de trajes de baño.

Empleado de la tienda: Hola. **Bienvenido** a **Arena y Sol**. ¿Puedo ayudarlo?

Marina: Sí. Estoy buscando un traje de baño y un **sombrero a juego**. Yo también necesito una toalla. Me dirijo a la playa.

Empleado de la tienda: Ven por aquí y te **mostraré** lo que tenemos. Hay algo muy agradable que creo que **te quedaría bien**.

Marina solo tardó diez minutos en encontrar el traje perfecto, un sombrero a juego y **sandalias** para caminar en la arena. Se puso su ropa de playa en la tienda.

******

*Marina is happy to leave the **stale heat** of the office and be out in the **humid** heat of the outdoors. It must be 90 degrees outside. She **finds** the **store** and her boss is right. There is a big sale on swimwear.*

*Store Employee: Hello. **Welcome** to **Sand and Sun**. Can I help you?*

*Marina: Yes. I am looking for a swimsuit and a **matching hat**. I am heading to the beach. I need a towel too.*

*Store Employee: Come this way and I **will show** you what we have. There is something very nice I think would **look good on you**.*

*It only took ten minutes for Marina to find the perfect suit, a matching hat and **sandals** to walk in the sand. She changed into her beach clothes at the store.*

Parte 4

Marina vio a Juana cuando llegó a la playa.

Juana: Marina, **te ves genial**. ¿Dónde encontraste ese traje de baño?

Marina: Encontré una tienda con buena ropa de baño. ¿Estás listo para **mojarte los pies**?

Juana: Si. Encontremos un lugar.

Marina y Juana encontraron un **lugar** para sentarse y Juana **levantó** un gran **paraguas**. Ambos tenían **protector solar** y lo usaban para proteger su **piel**. Se **tumbaron** sobre las toallas y pasaron treinta minutos **bronceándose**.

Después de pasar tiempo al sol, fueron al agua para mojarse los pies y **salpicarse**.

Juana: ¿Por qué el sol se siente bien en la playa, pero terrible cuando estás en la ciudad?

Marina: Es **verdad**. Debe ser porque el agua está muy cerca. Es fácil **enfriarse**. Todo lo que tenemos que hacer es caminar unos metros para llegar a **la orilla del agua**. Podemos mojarnos tanto como queramos.

Juana: Es una gran idea estar en la playa. Me alegro de haberlo pensado.

※※※※※※

Marina saw Juana as she arrived at the beach.

*Juana: Marina, **you look great**. Where did you find that swimsuit?*

*Marina: I found a store with nice swim clothes. Are you ready **to get your feet wet**?*

Juana: Yes. Let's find a spot.

*Marina and Juana found a **place** to sit and Juana **put up** a big **umbrella**. They both had **sunscreen** and used it to protect their **skin**. They **laid out** on their towels and spent thirty minutes **tanning**.*

*After they spent time in the sun, they went to the water to get their feet wet and **splash** each other.*

Juana: Why does the sun feel good at the beach but terrible when you are in the city?

*Marina: It's **true**. It must be because the water is so close. It's easy to **cool down**. All we have to do is walk a few feet to get to the **water's edge**. We can get as wet as we want.*

Juana: It is a great idea to be at the beach. I'm glad I thought of it.

Resumen

Para lidiar con el clima cálido, Marina y Juana deciden ir a la playa. Marina está en el trabajo cuando Juana llama, así que va a la tienda y compra un traje de baño nuevo. Disfrutan del agua, la arena e incluso la luz del sol en la playa.

Summary

To deal with the warm weather, Marina and Juana decide to go to the beach. Marina is at work when Juana calls, so she goes to the store to purchase a new swimsuit. They enjoy the water, sand and even the sunlight at the beach.

Vocabulary

Spanish	Pronunciation	English
a la derecha	ah lah day-**rhetch**-ah	**to the right**
amar	ah-**mahr**	**to love**
arena y sol	ah-**ree**-nah ee sole	**sand and sun**
aumentar	aw-men-**tahn**-doh	**to increase**
averiguar	ah-vare-ee-**gwar**	**to find out**
broncearse	brohn-theh-**ahr**-say	**to tan**
calor rancio	kah-**lohr ran**-cee-oh	**stale heat**

encontrar	in-cone-**trar**	to find
enfriarse	in-free-**ar**-say	to cool off
estar en trabajo	ess-**tar** in trah-**bah**-ho	to be at work
girar	heer-**rar**	to turn
húmedo	**oo**-mee-doh	humid
incómodo	een-**coh**-moh-doh	uncomfortable
jefe	**heh**-fay	boss
la orilla del agua	lah o-**rhee**-lah dell **ah**-gwah	water's edge
levantar	lay-vah-**tar**	raise up
llegar desde aquí	yay-**gar des**-day ah-**kee**	get there from here
lugar	loo-**gahr**	place
mojar los pies	moh-**har** los pee-**aas**	get feet wet
mostrar	moh-**strahr**	to show
noroeste	nor-oh-**es**-stay	northwest
obtener	ohb-ten-**air**	to get
ofertas	oh-**fair**-tahs	deals
paraguas	par-**ah**-gwas	umbrella
piel	pee-**el**	skin
playa	**ply**-yah	beach
poder hacer	poh-**dare** ah-**sayr**	to be able to do
protector solar	pro-tek-**tore** so-**lar**	sunscreen
quedarse bien	kay-**dar**-say bee-**in**	to look good
querer ir	kare-**rare** eer	to want to go
refrescarse	ray-fres-**car**-say	to cool off
saber	sah-**bare**	to know
salpicarse	sal-pee-**car**-say	to splash

sandalias	san-dah-**lee**-ahs	sandals
sombrero a juego	som-**brare**-roh ah **hue**-goh	**matching hat**
te ves genial	tay vase hee-nee-**all**	**you look great**
tienda	tee-**in**-dah	**store**
toalla	tow-**a**-ya	**towel**
traje de baño	**trah**-hay day **ban**-yo	**swimwear**
tumbar	toom-**bar**	**to lay down**
única forma	**oo**-nee-kah **for**-mah	**only way**
ver	vayre	**to see**
verdad	ver-**dad**	**true**

Questions about the story

1. **¿A dónde van las amigas?**

    a. Las Vegas
    b. la playa
    c. al centro

2. **¿Qué quiere comprar Marina?**

    a. un helado chocolate
    b. un carro
    c. un traje de baño

3. **¿Cómo conoce Juana el socorrista?**

    a. su hermano
    b. escuela

c. trabajo

Answers

1. b
2. c
3. a

Chapter 4: Viajando Hacia el Sur Por Negocios / *Traveling South on Business*

Parte 1

Estoy viajando **a través** de México y América Central para **vender software** a **complejos turísticos**. El software es popular en los Estados Unidos. Ayudará a aumentar las ganancias de los resorts, así que viajo durante un **mes** para ver cuánto puedo vender.

Mientras **caminaba** por el aeropuerto de la Ciudad de México, veo que es como la mayoría de los otros aeropuertos internacionales. **Oigo** muchos **idiomas** y veo a muchas personas vestidas de vacaciones. Hay mujeres con **vestidos de verano** y hombres con **pantalones cortos** y **camisetas**. Por supuesto, hay personas vestidas como yo: pantalones caqui y una camisa con botones. También veo hombres con **trajes**. Están vestidos, pero se ven cómodos con sus bonitos trajes y hermosos zapatos.

****

*I am traveling **across** Mexico and Central America to **sell software** to **vacation resorts**. The software is popular in the United States. It will help to increase the profits of resorts, so I am traveling for a **month** to see how much I can sell.*

*As I **walked** through the airport in Mexico City, I see it is like most other international airports. I **hear** many **languages** and I see many people dressed for vacation. There are women in **sundresses** and men in **shorts** and **t-shirts**. Of course, there are people dressed like me - khaki pants and a button-down shirt. I also see men in **suits**. They are dressed up but look comfortable in their nice suits and beautiful shoes.*

Parte 2

Llego a mi **hotel** y noto que los recepcionistas y otros trabajadores del hotel tienen buenos uniformes. Son más formales de lo que veo cuando viajo por los Estados Unidos. No tengo **ropa adecuada** para conocer a los propietarios y ejecutivos de los resorts. La ropa que planeé usar no es casual, pero no tiene **estilo**. Tengo un traje **holgado** y zapatos sensatos. Quiero parecer un vendedor exitoso. La ciudad de México es más cosmopolita de lo que imaginaba. Le pido al **conserje** que me ayude a localizar un **sastre** para que me **ajusten** el traje. También necesito encontrar una mejor camisa y **corbata**. No traje uno conmigo.

******

*I arrive at my **hotel** and I notice the desk clerks and other hotel workers have nice uniforms. They are more formal than I see while traveling in the United States. I do not have **proper clothes** to wear for meeting resort owners and executives. The clothes I planned to wear are not casual, but they have no **style**. I have a **baggy** suit and sensible shoes. I want to look like a successful salesperson. Mexico City is more cosmopolitan than I imagined. I ask the **concierge** to help me locate a **tailor** to have my suit **fitted**. I also need to find a better shirt and a **tie**. I did not bring one with me.*

Parte 3

El conserje me **envía** a un sastre cerca de mi hotel. El sastre no habla inglés, así que tengo la oportunidad de practicar mi español.

Julio: Hola, soy Julio. Tengo este traje **azul** pero **no me queda** bien. ¿**Crees** que puedo adaptarlo **hoy**?

Lorenzo (Sastre): Hola. Yo soy Lorenzo Tengo algo de **tiempo** hoy. **Ponte** el traje y veamos qué hay que hacer.

Me pongo una camisa y mi traje.

Lorenzo: Bueno, el traje está bien pero no es genial. Si obtienes una mejor camisa, se verá mejor. Tus **zapatos** son muy **feos**. Consigue zapatos nuevos también.

Julio: ¿Qué color de zapatos debo comprar? Solo tengo zapatos negros. ¿Crees que debería ponerme marrón?

Sin embargo, sé que tiene razón. Los zapatos están en mi lista de compras.

Julio: ¿Qué color de zapatos debo comprar? Solo tengo zapatos negros. ¿Debo comprar zapatos marrones?

Lorenzo: Si. El **marrón** es un buen color para tu traje azul. Pero puedes obtener un color brillante. Los zapatos **verdes** o **rojos** de buena calidad te harán destacar. Le demostrarán que tiene **confianza** y que es un pensador independiente.

******

*The concierge **sends** me to a tailor near my hotel. The tailor does not speak English, so I have a chance to practice my Spanish.*

*Julio: Hello, I am Julio. I have this suit, but it **doesn't fit** well. Do you **think** I can get it tailored **today**?*

*Lorenzo (Tailor): Hello. I am Lorenzo. I have some **time** today. **Put on** your suit and let's see what needs to be done.*

I change into a shirt and my suit.

*Lorenzo: Well, the suit is okay but not great. If you get a better shirt, it will look nicer. Your **shoes** are very **ugly**. Get new shoes as well.*

*Julio: What color shoes should I get. I only have black shoes. Do you think I should get **brown**?*

I know he is right, though. Shoes are on my list of purchases.

Julio: What color shoes should I get? I only have black shoes. Should I get brown shoes?

*Lorenzo: Yes. Brown is a good color for your blue suit. But you can get a bright color. **Green** or **red** shoes of good quality will make you stand out. They will show you are **confident** and an independent thinker.*

Parte 4

El sastre toma mis **medidas** y comienza a trabajar en mi traje. Doy **una vuelta** por las tiendas locales. Decido que el sastre es correcto. Debería ponerme un poco salvaje con mis colores. **Desafortunadamente**, los zapatos rojos me hicieron pensar en **payasos**. Entonces conseguí zapatos marrones. Decidí que mis **camisas** tendrán color. Ahora tengo una camisa **rosada**, una camisa azul claro y una camisa a cuadros azul y blanca. Me aseguré de que quedaran muy bien y compro **calcetines** para combinar con las camisas. Llevo todas mis compras al sastre y él se asegura de que todo encaje bien.

Lorenzo: Esto es mucho mejor. Veo a un joven delante de mí que está de moda y no tiene miedo de destacarse.

Julio: Eso es genial. Me siento bien con esta ropa. Eres un sastre fantástico. Gracias por todo

Salgo de la sastrería con la cabeza bien alta. Incluso si solo vendo la mitad de mi cuota durante el viaje, **aprendí** una gran lección. No es malo ser diferente. Hace que una persona **se destaque**.

******

*The tailor takes my **measurements** and begins to work on my suit. I walk **around** local stores. I decide the tailor is correct. I should get a little wild with my colors. **Unfortunately**, red shoes made me think of clowns. So, I got brown shoes. I decided my **shirts** will have color. I now have a **pink** shirt, a light blue shirt, and a blue and white checkered shirt. I made sure they fit very well, and I buy **socks** to match the shirts. I take all my purchases to the tailor and he makes sure everything fits well.*

Lorenzo: This is much better. I see a young man in front of me who is fashionable and not afraid to stand out.

Julio: That is great. I feel good in these clothes. You are a fantastic tailor. Thank you for everything

*I **leave** the tailor shop with my head held high. Even if I only sell half of my quota during the trip, I **learned** a great lesson. It's not bad to be different. It makes a person **stand out**.*

Resumen

Un hombre viaja a través de México y América Central para vender software a resorts En su primera parada en la Ciudad de México, piensa que su ropa no es apropiada y visita a un sastre para que le modifiquen el traje y luego compra accesorios para verse bien en sus llamadas de ventas.

Summary

A man is traveling through Mexico and Central America to sell software to resorts. At his first stop in Mexico City, he thinks his clothes are not appropriate and visits a tailor to have his suit altered and then buys accessories to look good at his sales calls.

Vocabulary

Spanish	Pronunciation	English
a través	ah trah-**vase**	**across**
ajustar	a-hoo-**star**	**to adjust/fit**
aprender	ah-pren-**dair**	**to learn**
azul	a-**thul**	**blue**
calcetines	cal-say-**tee**-nays	**socks**
caminar	kah-mee-**nar**	**to walk**
camisa	kah-**mee**-sah	**shirt**
camiseta	kah-mee-**set**-ah	**t-shirt**
complejos turísticos	komb-**play**-hos too-**ree**-stee-kohs	**vacation resorts**
confianza	kon-fee-**ahn**-zah	**confidence**
conserje	con-**ser**-hay	**concierge**
corbata	core-**bot**-ah	**tie**

desafortunadamente	day-sah-for-too-nah-dah-**men**-tay	unfortunately
enviar	ein-vee-ahr	to send
estilo	ess-**tee**-loh	style
feo	**fay**-oh	ugly
holgado	ol-**gah**-doh	baggy
hotel	**o**-tell	hotel
hoy	oy	today
idiomas	id-eee-**oh**-mahs	languages
marrón	mar-**rone**	brown
medidas	meh-**dee**-das	measurements
mes	mehs	month
no me queda	no may **kay**-dah	doesn't fit
oír	oh-**eer**	to hear
pantalones cortos	pan-toh-**loh**-nays kor-tohs	shorts
payaso	pie-**ah**-so	clown
ponerse	poh-**nair**-say	to put on
rojo	**row**-hoe	red
ropa adecuada	**roh**-pah add-ee-**kwah**-dah	proper clothes
salir	sah-**leer**	to leave
sastre	**sas**-tray	tailor
software	**soft**-ware	software
tiempo	tee-**imp**-oh	time
traje	**trah**-hey	suit
una vuelta	**oo**-nah **vwel**-tah	walk around
vendedor	**ven**-day-door	salesperson

vender	ven-**dare**	to sell
verde	**ber**-day	green
vestido de verano	ves-**tee**-doh day vare-**ahn**-noh	sundress
zapatos	zah-**pah**-tohs	shoes

Questions about the story

1. **¿Qué color de zapatos compra Julio?**

    a. rojo
    b. azul
    c. marrón

2. **¿Cómo se llama el sastre?**

    a. Juan
    b. Laura
    c. Lorenzo

3. **¿Qué está vendiendo Julio?**

    a. calcetines
    b. software
    c. vino

Answers

1. **c**
2. **c**
3. **b**

Chapter 5: Tal Vez Soy La Mal Vecina/*Maybe I'm the Bad Neighbor*

Parte 1

Había una invitación **escondida** en la puerta de la **pantalla** cuando María llegó a casa del trabajo. Ella no sabía qué era, pero tenía la sensación de que sería una invitación a la fiesta del **vecindario**. Todos los años la calle está **bloqueada** para el tráfico y los niños andan en bicicleta en la calle. **Ni siquiera** puedo salir de mi casa porque son niños **jugando** en la calle y **corriendo por mi jardín**.

******

*There is an invitation **tucked** in the **screen door** when Maria arrived home from work. She doesn't know what it was but has a feeling it will be an invitation to the **neighborhood** party. Every year the street is **blocked off** to traffic and the children ride their bicycles in the street. I can't even leave my house because there are kids **playing** in the street and **running over my lawn**.*

Parte 2

El esposo al final de la **cuadra**, Jorge, trabaja para una **empresa** que **alquila equipos para fiestas**, por lo que establece una **casa hinchable**. Los niños hacen mucho **ruido gritando** y **riendo**. Ni siquiera puedo tomar una siesta por la tarde. Es muy **molesto**.

Todos organizamos **parrillas** en el medio de la cuadra y tenemos una gran fiesta. Ese perro del Sr. López correrá por la calle y **derribará** a los **niños**. Ese perro es una molestia. No es un perro malo, pero es tan grande que **pisotea** todas las plantas y **desentierra** mis **flores**. Por supuesto, el Sr. López niega que su precioso Ernesto hiciera tal cosa, pero he visto **el daño** con mis propios ojos.

******

*The husband at the end of the **block**, Jorge, works for a **company** that **rents party equipment** so he sets up a **bouncy house**. The kids make a lot of **noise shouting** and **giggling**. I can't even take a nap in the afternoon. It's very **annoying**.*

*Everyone sets up **barbecue grills** in the middle of the block and we have a big party. That dog of Mr. Lopez will run around the street and **knock over** the **kids**. That dog is a nuisance. He is not a mean dog, but he is so big, he **tramples** all the plants and **digs up** my **flowers**. Of course, Mr. Lopez denies that his precious Ernesto would do such a thing, but I've seen the **damage** with my own eyes.*

Parte 3

Ah, y luego está la **malvada divorciada** Natalie. Ella usa esa ropa ajustada y trata de tentar a los adolescentes a cortar el césped. No creo que les **pague** un centavo. Solo deja que **la miren** con esos **suéteres ajustados**. Es un **pecado**.

Y esas **personas extranjeras** y su **comida maloliente**. No sé de qué se trata. Estoy seguro de que eso es lo que le pasó a mi pobre **gato**, Fluffy. Ella era muy **dulce**. La tuve por años. Entonces ella **desapareció**. Llamé a la puerta de su casa y me dijeron que no habían visto a mi pobre gato. Pero sé que tenían algo que ver con mi gato perdido.

******

*Oh, and then there is that **wicked divorcee** Natalie. She wears those tight clothes and tries to tempt the teenage boys to mow her lawn. I don't think she **pays** them a cent. She just lets them **look at her** in those **tight sweaters**. It's a **sin**.*

*And those **foreign people** and their **smelly food**. I don't know what it is. I'm sure that's what happened to my poor **cat**, Fluffy. She was so **sweet**. I had her for years. Then she **disappeared**. I knocked on the door of their house and they claimed they had not seen my poor cat. But I know they had something to do with my missing cat.*

Parte 4

Dos semanas después...

Había niños jugando en la calle y jugando con el perro, Ernesto.

Natalie: ¿Crees que María vendrá este año? Puse una invitación en su puerta. Espero que ella venga. Hice que los muchachos sacaran las **malas hierbas** de su **jardín**. Ella está **envejeciendo** y no los ve crecer hasta que son muy grandes. Pensé que lo apreciaría, pero nunca escuché una palabra de **agradecimiento**.

Sra. Singh: Lo sé. Vino a llamar a mi puerta acusándome de comerme a su gato. Traté de explicarle que somos **vegetarianos**, pero ella no me escuchó. Por supuesto que su gato había desaparecido. Tenía casi veinte años. Mi amiga es su **veterinaria**. Estoy seguro de que el gato estaba **enfermo** y no llegó a casa, la pobre probablemente **murió**.

El señor López escuchaba hablar a los vecinos. Decidió llevarle un plato de comida a María. Él llamó a su puerta y cuando ella abrió la puerta había un ceño **fruncido en su rostro**.

Sr. López: María, ¿quieres un **plato de comida**? ¿Por qué no te unes a nosotros afuera?

María tomó el plato de comida ofrecido.

María: Gracias, señor López, pero no quiero cenar con esos horribles **vecinos**. El perro siempre está desenterrando mis plantas, esos extranjeros se comieron a mi gato y la mujer divorciada siempre está tratando de tentar a los hombres y niños. No puedo estar cerca de esas personas. Deberías llevar esa casa hinchable a tu trabajo antes de que descubran que la tomaste. No quieres perder tu trabajo

Sr. López: Bueno, María, tu jardín estaba lleno de **malezas** y Natalie le pidió a su hijo y a sus amigos que las limpiaran por ti. Creo que encontré a tu gato, en el campo detrás de mi casa. Era viejo y **falleció**. Él está en un lugar mejor. Soy el dueño de la compañía de alquiler de fiestas y es mi casa hinchable. No somos malas personas, María. Eres bienvenido a unirte a nosotros.

María: Creo que puedo salir un rato. Me gusta ver a los niños reír y jugar.

María salió a la fiesta y la pasó bien. Le sorprendió que los Singh realmente fueran vegetarianos y que los **pinchos de vegetales** que contribuyeron a la comida fueron muy buenos.

******

Two weeks later...

There were children playing in the street and playing with the dog, Ernesto.

*Natalie: Do you think Maria will come this year? I put an invitation at your door. I hope she comes. I had the boys take the **weeds** out of their **garden**. She is **getting older** and does not see them grow until they are very large. I thought I'd appreciate it, but I never heard a word of **thanks**.*

*Mrs. Singh: I know. He came to knock on my door accusing me of eating his cat. I tried to explain that we are **vegetarians**, but she did not listen to me. Of course, his cat was gone ... he was almost twenty years old. My friend is her **veterinarian**. I'm sure the cat was **sick** and didn't come home, the poor thing probably **died**.*

*Mr. López listened to the **neighbors** speak. He decided to bring a plate of food to Maria. He knocked on her door and when she opened the door there was a **frown on her face.***

*Mr. Lopez: Maria, do you want a **plate of food**? Why don't you join us outside?*

Maria took the plate of food offered.

Maria: Thank you, Mr. Lopez, but I don't want to have dinner with those horrible neighbors. The dog is always digging up my plants, those foreigners ate my cat and the divorced woman is always trying to tempt men and boys. I can't be near those people. You should take that inflatable house to your work before they find out you took it. You don't want to lose your job

*Mr. Lopez: Well, Maria, your garden was full of **weeds** and Natalie asked her son and his friends to clean them for you. I think I found your cat, in the field behind my house. He was old and **passed away**. He is in a better place. I am the owner of the party rental company and it is my inflatable house. We are not bad people, Maria. You are welcome to join us.*

Maria: I think I can go out for a while. I like to see children laugh and play.

Maria went to the party and had a good time. She was surprised that the Singh really were vegetarians and that the vegetable skewers that contributed to the meal were very good.

Resumen

María piensa que todos sus vecinos son malas personas y no quiere asistir a la fiesta anual cerca de su casa. Después de hablar con uno de los hombres que vive cerca de ella, descubre que, aunque piensa que todos son malos, en realidad son amables y amigables.

Summary

Maria thinks all of her neighbors are bad people and do not want to attend the annual party near her house. After talking to one of the men who lives near her, she finds out that while she thinks everyone is bad, they are actually nice and friendly.

Vocabulary

Spanish	Pronunciation	English
agradecer	ah-grah-day-**sayr**	**to thank**
alquilar	ahl-kee-**lahr**	**to rent**
bloquear	bloh-kay-**ahr**	**to block off**
campo	**camp**-oh	**field**

casa hinchable	**cah**-sah heen-**chab**-lay	bouncy house
comida maloliente	ko-**mee**-dah mahl-oh-lee-in-tay	smelly food
cuadra	**kwah**-drah	block
daño	**don**-yon	damage
derribar	day-ree-**bar**	to knock down
desaparecer	des-ah-par-eh-**sayr**	to disappear
desentierra	dess-en-tee-air-**rrah**	digs up
dulce	**dool**-say	sweet
empresa	em-**press**-ah	business
enfermar	in-fair-**mar**	to be sick
envejecer	in-vay-hay-**sayr**	to grow old
equipos para fiestas	ee-**key**-pohs **par**-ah fee-**ess**-tas	party equipment
fallecer	fah-yay-**sayr**	to pass away
flores	**flow**-rays	flowers
fruncido en su rostro	froon-**cee**-doh in soo **roh**-stroh	a frown on the face
gato	**gah**-tow	cat
gritar	gree-**tar**	to shout
jardín	har-**deen**	garden
malas hierbas	**mah**-lahs ee-**yer**-bass	weeds
malezas	mah-**lay**-zahs	weeds
malvada divorciada	mahl-**vah**-dahs dee-vor-cee-**ah**-dah	wicked divorcee
mirarse	meer-**ar**-say	to look at
molestar	moh-less-**tar**	to bother/annoy
morir	moo-**reer**	to die

ni siquiera	nee see-key-**air**-ah	not even
niños	**nin**-yos	children
pagar	pah-**gar**	to pay
pantalla	pahn-**tay**-yah	screen door
parrillas	par-**ree**-yas	grills
pecado	peck-**ah**-doh	**sin**
personas extranjeras	pair-sohn-**ahs** ex-tran-**hair**-ahs	foreign people
pinchos de vegetales	**peen**-chohs day ve-hay-**tah**-les	vegetable skewers
pisotear	pee-so-tee-**ar**	tramples
plato de comida	**plah**-toh day koh-**mee**-dah	plate of food
reír	ray-**eer**	to laugh
ruido	roo-**ee**-doh	noise
suéteres ajustados	**swet**-airs ah-hoos-**tah**-dohs	tight sweaters
vecindario	vay-sin-**dah**-ree-oh	neighborhood
vecino	vay-**seen**-o	neighbor
vegetariano	ve-he-tair-ee-**ahn**-oh	vegetarian
veterinaria	Beh-the-ree-**nah**-ryah	veterinarian

<u>Questions about the story</u>

1. ¿Quién es el dueño de la casa hinchable?

   a. Sr. López
   b. Natalia
   c. Sra. Singh

2. ¿Qué le pasó al gato de María?

   a. Se escapó
   b. Se esconde debajo del porche
   c. Se murió

3. ¿Por qué los niños juegan en la calle?

   a. Es una fiesta en la calle y la calle está bloqueada.
   b. Están aprendiendo a conducir
   c. No escuchan

Answers

1. a
2. c
3. a

Chapter 6: La Boda de Alejandro/*Alejandro's Wedding*

Parte 1

Mi mejor amigo, Alejandro, **se va a casar**. Es un día muy emocionante para él. Alejandro y yo nos **conocemos** desde hace muchos años. **Fuimos** a la **escuela** juntos desde que teníamos 5 años. Conozco a la familia de Alejandro y conozco a la **novia**, Christina, pero no conozco a su familia en absoluto. Espero conocerlos antes de la cena.

Aquí viene una mujer con un gran vestido **rosado**. Ella se ve amigable; Saludaré.

******

My best friend, Alejandro, **is getting married**. *It is a very exciting day for him. Alejandro and I have* **known** *each other for many years.* **We went** *to* **school** *with each other from the time we were 5 years old. I know Alejandro's family and I know the* **bride**, *Christina, but I do not know her family at all. I hope to meet them before dinner.*

Here comes a woman in a big **pink** *dress. She looks friendly; I will say hello.*

Parte 2

Eduardo: Hola, **me llamo** Eduardo. Soy el **mejor hombre**.

Camila: Hola. Soy Camila. Soy una **dama de honor**. Soy amiga de Camila. Nos conocimos en la universidad. Fuimos **compañeros de cuarto** durante 3 años.

Camila: No, vivo en el norte. **Conduje** 6 horas para llegar aquí. Christina y yo nos vemos varias veces al año porque los dos somos **contadores**.

Eduardo: Bien. ¿Estás casado?

Camila: No. **No estoy saliendo** ahora. Estoy ocupada con el trabajo y yendo a **bodas**.

Eduardo: Siento lo mismo. Cada poco mes hay una boda. Bodas grandes, bodas pequeñas y todo lo demás.

******

*Eduardo: Hello, **my name is** Eduardo. I am the **best man**.*

*Camila: Hi. I am Camila. I am a **bridesmaid**. I am a friend of Camila. We met at the university. We were **roommates** for 3 years.*

*Camila: No, I live in the north. I **drove** for 6 hours to get here. Christina and I see each other several times a year because we are both **accountants**.*

Eduardo: Good. Are you married?

*Camila: No. **I'm not dating** now. I am busy with work and going to **weddings**.*

Eduardo: I feel the same. Every few months there is a wedding. Big weddings, small weddings and everything in between.

Parte 3

Mientras Eduardo y Camila conversaban, otros miembros de la boda se acercaron a ellos. Eduardo se dio cuenta por los grandes **vestidos** rosados.

Marta: Hola, Camila.

Luego Se volvieron hacia Eduardo.

Marta: Soy Marta, la **hermana** de Christina, y esta es su hermana Josefina.

Eduardo: Hola, señoritas. Tengo que decir que todos se ven preciosos en rosa. Soy Eduardo, amigo del **novio**.

Marta: Eso lo sabemos. Estás usando un **esmoquin**.

Eduardo: Si. Soy. Pero también lo son Juan y Diego. ¡Lo sé! Soy el apuesto padrino de boda. Así es como sabes quién soy.

Camila: ¡Ay, Eduardo! Usted es tan guapo. Ahora ve a buscar al novio. Es hora de una boda.

******

*While Eduardo and Camila talked, other members of the wedding approached them. Eduardo noticed the great pink **dresses**.*

Marta: Hi, Camila.

Then they turned to Eduardo.

*Marta: I'm Marta, Christina's **sister**, and this is her sister Josefina.*

*Eduardo: Hello, ladies. I have to say that everyone looks gorgeous in pink. I'm Eduardo, a friend of the **groom**.*

*Marta: We know that. You are wearing a **tuxedo**.*

Eduardo: Yes. I am. But so are Juan and Diego. I know! I am the handsome groomsman. This is how you know who I am.

Camila: Oh, Eduardo! You are so handsome. Now go find the groom. It's time for a wedding.

Parte 4

Mientras Eduardo caminaba por la **iglesia**, vio a la madre y al padre de la novia y decidió **presentarse**.

Eduardo: Hola, soy Eduardo. ¡Felicitaciones por la boda de tu hija!

Rafael: "Hola Eduardo. Soy Rafael y esta es mi esposa Laura. Hemos escuchado muchas cosas buenas sobre ti. Es un placer conocerte finalmente.

Los hombres se **dieron la mano** y Laura le dio un **abrazo** a
Eduardo.

Eduardo: Estoy muy feliz de conocerte. Christina es una persona
hermosa, como su madre.

Laura: Oh, eres un hombre dulce. Ve a tu lugar al lado de Alejandro.
Es hora de que **comience** la boda. Entonces veremos cómo hermosa
es Christina.

Eduardo: Si. ¡Es un gran día para una boda!

******

*While Eduardo walked through the **church**, he saw the mother and
father of the bride and decided to **introduce himself**.*

*Eduardo: Hi, I'm Eduardo. Congratulations on your daughter's
wedding!*

*Rafael: "Hi Eduardo. I am Rafael and this is my wife Laura. We have
heard many good things about you. It's nice to finally meet you.*

*The men **shook hands** and Laura gave Eduardo a **hug**.*

*Eduardo: I am very happy to meet you. Christina is a beautiful
person, like her mother.*

*Laura: Oh, you're a sweet man. Go to your place next to Alejandro.
It's time for the wedding to **begin**. Then we will see how beautiful
Christina is.*

Eduardo: Yes. It is a great day for a wedding!

Resumen

Un hombre asiste a la boda de su mejor amigo. Conoce a las hermanas
y primos de las novias. También conoce a los padres de la novia. No
los ha conocido antes y quiere conocer a la familia que formará parte
de la vida de su amigo.

<u>Summary</u>

A man is attending the wedding of his best friend. He meets the brides' sisters and cousins. He also meets the bride's parents. He has not met them before and he wants to meet the family that will be a part of his friend's life.

<u>Vocabulary</u>

Spanish	Pronunciation	English
abrazo	ah-brah-tho	**hug**
boda	**bo**-dah	**wedding**
casarse	kah-**sar**-say	**to get married**
comenzar	ko-men-**sar**	**to begin**
compañeros de cuarto	kom-pahn-**yeh**-rohs day **kwar**-toh	**roommates**
conducir	kohn-doo-**seer**	**to drive**
conocer	ko-noh-**sayr**	**to know (a person)**
contadores	kohn-tay-**dorh**-ays	**accountants**
dama de honor	**dah**-mah day ohn-**or**	**bridesmaid**
dar la mano	dahr lah **mah**-noh	**shake hands**
escuela	ess-**kwah**-lah	**school**
esmoquin	es-moh-**keen**	**tuxedo**
esposa	eh-**spo**-sah	**wife**
estar saliendo	a-**star** sah-lee-**in**-doh	**to be dating**
hermano	air-**mah**-noh	**sister**
iglesia	ee-**glay**-see-yah	**church**
ir	eer	**to go**
llamarse	yah-**mar**-say	**to be called**
marido	mar-**ee**-doh	**husband**

mejor hombre	may-**hore ohm**-bray	**best man**
novia	**no**-vee-ah	**bride**
novio	**no**-vee-oh	**groom**
presentarse	preh-sen-**tar**-say	**introduce oneself**
rosado	roh-**sah**-doh	**pink**
vestido	bes-**stee**-doh	**dress**

Questions about the story

1. ¿De qué color son los vestidos de dama de honor?

    a. amarillo
    b. rosado
    c. rojo

2. ¿Dónde conoció Camila a la novia?

    a. la universidad
    b. un disco
    c. al trabajo

3. ¿Cómo se relaciona Laura con la novia?

    a. su prima
    b. su amigo
    c. su madre

Answers

    1. b
    2. a
    3. c

Chapter 7: Vacaciones de gran altitud/*High Altitude Holiday*

Parte 1

Se acercaba el tiempo de vacaciones y Jorge Aceveda planeo un buen viaje para la familia. Esto incluye a su esposa Susana, su hija Linda de **catorce** años y su hijo Ricardo, de **doce** años. Su esposa quiere ir a la playa y los niños tienen pensamientos de Disney. Ricardo tiene otros planes. Quiere ir a las montañas y montar a caballo y caminar en el bosque.

******

*The family vacation time was coming up and Jorge Aceveda planned a nice trip for the family. This includes his wife Susana, his **fourteen**-year-old daughter Linda and his son, who is **twelve**, Ricardo. His wife wants to go to the beach and the children have thoughts of Disney. Ricardo has other plans. He wants to go to the mountains and ride a horse and hike in the forest.*

Parte 2

La familia llegó al pueblo de montaña después de 2 **horas** de **vuelo** y 2 **horas** de manejo. Se detuvieron en el rancho después de perder el **camino de entrada** dos veces. Cuando vieron el rancho, no había **señales de vida**. Jorge pudo ver una nota en la puerta. Ricardo salió del auto rentado y lo sacó.

Ricardo: Papá, parece que no hay nadie aquí. Dice que los **propietarios** tuvieron una emergencia y no pudieron **quedarse**. Somos bienvenidos a usar todo en el **rancho**.

Jorge **quitó** la nota de Ricardo y **siguió leyendo**.

Jorge: Parece que tenemos un rancho en la montaña durante al menos los próximos días. Un amigo suyo viene a cuidar a los animales, pero tenemos que cuidarnos a nosotros mismos.

******

52

*The family arrived at the mountain town after a 2-**hour flight** and
2 **hours** driving. They pulled up to the ranch after missing the
driveway twice. When they saw the ranch, there was **no sign of
life**. Jorge could see a note on the door. Ricardo got out of the rental
car and removed it.*

*Ricardo: Dad, it looks like there's no one here. It says the **owners**
had an emergency and could not **stay**. We are welcome to use
everything on the **ranch**.*

*Jorge **took** the note from Ricardo and **continued reading**.*

*Jorge: It looks like we have a mountain ranch for at least the next
few days. A friend of theirs is coming to take care of the animals, but
we have to take care of ourselves.*

Parte 3

Los propietarios dejaron la puerta abierta y Jorge y su familia
entraron. La casa es grande y se ve rústica por dentro. Hay una
chimenea hecha de piedra. Los **electrodomésticos** de la **cocina**
son viejos, pero todo está allí; **refrigerador, horno, estufa,
lavaplatos.** Hay mucha **comida** en el refrigerador y en los
gabinetes. Entonces, aunque no esperaban **cocinar**, deciden
preparar la cena de lo que ya estaba en la cocina. Hacen un **pollo
asado**, **papas** asadas y **brócoli**. Todos trabajaron juntos y no hubo
discusiones. Si querían comer, tenían que cocinar.

La familia Aceveda fue a **mirar** alrededor de la casa del rancho. Jorge
y su esposa encontraron una **habitación** con una gran cama con
dosel con mucha madera oscura para los muebles. Ricardo y Linda **se
encuentran** unas
 habitaciones con **camas cómodas.**

Deciden **encender un fuego** en la chimenea. La familia Aceveda se
sienta alrededor del fuego y **se ríen** del viaje hasta ahora. Linda y
Ricardo preparan un **almuerzo** para el día siguiente, cuando la
familia va **a montar a caballo** y hacer un picnic. Cuando el fuego se
extingue, todos deciden irse a la cama para **despertarse temprano**.

******

*The owners left the door open and Jorge and his family go inside. The house is big and it looks rustic inside. There is a **fireplace** made of stone. The **kitchen appliances** are old but everything is there; **refrigerator, oven, stove, dishwasher.** There is plenty of **food** in the refrigerator and the **cabinets**. So even though they weren't expecting **to cook**, they decide to make dinner from what was already in the kitchen. They make **a roast chicken**, roast **potatoes** and **broccoli**. They all worked together and there were no arguments. If they wanted to eat, they had to cook*

*The Aceveda family went **looking around** the ranch house. Jorge and his wife found a **room** with a big canopy bed with lots of dark wood for the furniture. Ricardo and Linda **find** rooms with **comfortable bed**s.*

*They decide to start a fire in the fireplace. The Aceveda family all sit around the fire and they **laugh** about the trip so far. Linda and Ricardo pack **lunch** for the next day when the family is going to **ride horses** and have a picnic. As the fire dies out, they all decide to go to bed so they will **wake up early**.*

Parte 4

La familia se levanta temprano para preparar el desayuno y hacer un picnic. Después, todos caminan hacia el **granero** con **pantalones de mezclilla** y **camisas a cuadros**. El sol brilla intensamente, por lo que cada uno usa un **sombrero**.

Hay un hombre **esperando** para llevarlos a caballo. Se llama Alberto. Jorge, Ricardo y Linda encuentran que montar a caballo es fácil y divertido. Susana está un poco más nerviosa y su caballo parece saberlo. El caballo de Susana despega en la dirección **equivocada**, lejos de todos los demás. Alberto llevó a Susana y su caballo al **lago** con todos los demás para un picnic de pollo asado, **queso**, **fruta** y **pastel**. Era comida simple, pero había mucho para todos.

La familia Acevedo y Alberto vieron a los pájaros que se precipitaban sobre el lago y disfrutaron de los alrededores.

Susana: Alberto, ¿sabes cuándo **volverán** los **dueños**?

Alberto **parecía confundido**.

Alberto: ¿No te lo dijeron? Están **fuera del país**. No volverán en
meses. Cancelaron la mayoría de las reservas para la temporada. Mi
esposa te **abasteció** el refrigerador y yo **cuido** a los caballos. Si
necesita algo, avíseme y me aseguraré de que tenga lo que necesita.

Jorge había estado escuchando y estaba nervioso. Su esposa no quería
ser responsable de cocinar y **limpiar** mientras estaba de vacaciones.

Susana: Bien. Volvamos a los caballos para que podamos comenzar a
preparar la cena. Cuando descubra cómo llevar el caballo de vuelta al
rancho, estará oscuro.

Jorge estaba tan feliz de que su esposa no estaba **enojada** que el
cocinó todas las comidas para el resto de la visita. Los niños ayudaron
y a Susana no le importó ayudar a limpiar. Salieron a caminar todos
los días y descubrieron **pájaros** y **pequeños animales** que nunca
habían visto antes.

Todos los miembros de la familia Acevedo pasaron un buen tiempo
entre ellos en sus vacaciones rústicas en las montañas.

******

*The family gets up early to prepare breakfast and have a picnic.
Afterward, everyone walks to the **barn** with **jeans** and **plaid
shirts**. The sun shines brightly, so everyone wears a **hat**.*

*There is a man **waiting** to take them on horseback. His name is
Alberto. Jorge, Ricardo, and Linda find that riding is easy and fun.
Susana is a little more nervous and her horse seems to know.
Susana's horse takes off in the **wrong** direction, away from
everyone else. Alberto led Susana and her horse to the **lake** with
everyone else for a picnic of roast chicken, **cheese**, **fruit**, and **cake**.
It was simple food but there was a lot for everyone.*

*The Acevedo and Alberto family saw the birds rushing over the lake
and enjoyed the surroundings.*

*Susana: Alberto, do you know when the **owners** will **return**?*

*Alberto **seemed confused**.*

*Alberto: Didn't they tell you? They are **out of the country**. They will not return in months. They canceled most of the reservations for the season. My wife **supplied** the refrigerator and I will **take care of** the horses. If you need anything, let me know and I will make sure you have what you need.*

*Jorge had been listening and was nervous. His wife did not want to be responsible for cooking and **cleaning** while on vacation.*

Susana: Good. Let's go back to the horses so we can start preparing dinner. When I figure out how to take the horseback to the ranch, it will be dark.

*Jorge was so happy that his wife was not **angry** that he cooked all the meals for the rest of the visit. The children helped and Susana didn't mind helping clean. They went for a walk every day and discovered **birds** and **small animal**s that they had never seen before.*

All members of the Acevedo family had a good time on their rustic vacation in the mountains.

Resumen

Hay unas vacaciones familiares planeadas en un rancho en las montañas. Después de que la familia llega al rancho, descubren que los anfitriones no están allí. Pueden quedarse en el rancho, pero tienen que cocinar sus propios alimentos y limpiar sus habitaciones. Aunque tienen tareas que hacer en sus vacaciones, la pasan bien.

Summary

There is a family vacation planned at a ranch in the mountains. After the family arrives at the ranch, they find the hosts are not there. They are able to stay at the ranch but they have to cook their own food and clean their rooms. Even though they have chores to do on their vacation, they have a good time.

Vocabulary

Spanish	Pronunciation	English
abastecer	ah-bas-tay-**sair**	**to stock**
almuerzo	al-**mwair**-so	**lunch**
brócoli	**bro**-co-lee	**broccoli**
caballo	ka-**bah**-yoh	**horse**
camas cómodas	**kah**-mahs **koh**-moh-dohs	**comfortable beds**
camino de entrada	kah-**meen**-oh day in-**trah**-da	**driveway**
camisas a cuadros	kah-**mee**-sahs a **cwa**-drohs	**plaid shirts**
catorce	kah-**tore**-say	**fourteen**
chimenea	chih-mee-**nay**-ah	**fireplace**
cocinar	**ko**-seen-ahr	**to cook**
comida	ko-**mee**-dah	**food**
cuidar	cwee-**darh**	**to take care of**
despertarse temprano	des-pair-**tar**-say tem-**prah**-noh	**to wake up early**
doce	**doh**-say	**twelve**
dosel	doh-**sell**	**canopy**
dueños	**dwain**-yohs	**owners**
electrodomésticos	ee-lec-troh-doh-**mess**-tee-cohs	**appliances**
encender un fuego	in-send-**air** oon **fweh**-goh	**to start a fire**
encontrarse	in-kon-**trahr**-say	**to find**
enojarse	in-oh-**har**-say	**to be angry**
equivocada	ee-kiv-oh-**cah**-dah	**wrong**

esperar	es-**pair**-ahr	to wait
estufa	a-**stoo**-fah	stove
fruta	**froo**-tah	fruit
fuera del país	**fwair**-ah dell pah-**ees**	out of the country
gabinetes	gah-been-**net**-tays	cabinets
granero	gran-**air**-oh	barn
habitación	ab-ee-tah-see-**ohn**	room
hora	**oh**-rah	hour
horno	**or**-noh	oven
lago	**lah**-goh	lake
lavaplatos	lah-vah-**plah**-tohs	dishwasher
leer	lay-**air**	to read
limpiar	**leem**-pee-ahr	to clean
madera oscura	mad-**er**-ah oh-**skoo**-rah	dark wood
mirar	meer-**ar**	to look for
montar	mon-**tar**	to mount
pájaro	**pah**-ha-roh	birds
pantalones de mezclilla	pan-tah-**lohn**-es day mes-**clee**-yah	jeans
papas	pah-pahs	potatoes
parecer confundido	par-a-**sair** kon-fun-**dee**-doh	to seem confused
pastel	past-**el**	cake
pequeños animales	peh-**ken**-yos ah-nee-**mah**-lays	small animals
pollo asado	**poh**-yoh ah-**sah**-doh	roast chicken
propietarios	pro-pee-eh-**tar**-ee-os	owners

quedarse	kay-**dar**-say	to stay or remain
queso	**kay**-soh	cheese
quitar	kee-**tar**	to take away
rancho	**ran**-choh	ranch
refrigerador	ray-fridge-er-ah-**door**	refrigerator
seguir	say-**gear**	to continue
señales de vida	sin-**ya**-lays day **vee**-dah	signs of life
sombrero	som-**brar**-ohs	hat
volver	vol-**vair**	to return
vuelo	**vway**-loh	flight

Questions about the story

1. ¿Dónde hace un picnic la familia?

    a. en la casa
    b. en el bosque
    c. al lago

2. ¿Quién quiere montar a caballo?

    a. Jorge
    b. Linda
    c. Ricardo

3. ¿Quién se divierte en las vacaciones?

    a. Susana
    b. Ricardo
    c. todos

Answers

1. c
2. a
3. c

Chapter 8: Reunión Familiar de Vacaciones/*Holiday Family Reunion*

Parte 1

La **reunión familiar** de García está ocurriendo este año en la casa de Julia y Antonio García. Están **felices** de organizar las festividades que durarán desde la **víspera de Navidad** hasta el **día de Año Nuevo**. Le encanta tener una casa llena de gente y la reunión llenará su hogar con sus propias **hermanas**, sus esposos y la familia de todos.

El 23 de diciembre, Julia García está muy **ocupada limpiando** su casa. Ella tiene su **nieta** de 12 años, Manuela, **ayudándola. Toman muchos descansos** para tomar chocolate y comer dulces, pero es **divertido para ambos**. La casa está llena de decoraciones que han estado en la familia durante muchas **generaciones**. Julia se **aseguró** de usar **adornos** de **su propia infancia** ya que sus hermanos vendrán.

******

*The Garcia **family reunion** is happening this year at Julia and Antonio Garcia's house. They are **happy** to host the festivities that will last from **Christmas Eve** until **New Year's Day**. She loves to have a house full of people and the reunion will fill her home with her own **sisters**, their husbands and everyone's family.*

*On December 23, Julia Garcia is very **busy cleaning** her home. She has her 12-year-old **granddaughter**, Manuela, **helping** her. **They take many breaks** to drink chocolate and eat sweets, but it is **fun for both of them**. The home is full of decorations that have been in the family for many **generations**. Julia **made sure** to use **ornaments** from her **own childhood** since her siblings will be coming.*

Parte 2

Antonio está afuera asegurándose de que la casa se vea especial desde afuera. Él sabe que su esposa se **encargará del interior de la casa**. Su familia también **llegará**. Su madre vendrá con su hermana, Eréndira. No los ve tan a menudo como le gustaría. Estas serán unas vacaciones maravillosas con su familia. El teléfono de Antonio suena justo cuando termina de **barrer la acera**.

Antonio: Hola.

El Recepcionista: Hola. ¿Es este Antonio García?

Antonio: Si. Este es Antonio.
El Recepcionista: Este es el **mostrador de reservas** del Grand Hotel. Llamo para confirmar su reserva para dos **habitaciones dobles** para el check-in el 24 de **diciembre**, después de las 3:00 y el check-out el 2 de **enero** a las 11:00 am.

Antonio: Si. ¿Están las habitaciones en el **mismo piso**?

El Recepcionista: Si. Todos están **uno al lado del otro**. Hay un desayuno gratuito cada mañana.

Antonio terminó la llamada y entró a la casa por una taza de chocolate. Tiene las habitaciones de hotel para cualquiera que quiera **dormir en una cama en lugar** de un sofá. Será una **semana** larga y la gente apreciará la oportunidad de estar en una buena cama **de vez en cuando**.

******

*Antonio is outside making sure the house looks special from the outside. He knows his wife will **take care of the inside of the house**. His family will be **arriving** as well. His mother will come with his sister, Erendira. He does not see them as often as he would like. This will be a wonderful holiday with his family. Antonio's phone rings just as he finishes **sweeping the front walk**.*

Antonio: Hello.

Hotel Clerk: Hello. Is this Antonio Garcia?

Antonio: Yes. This is Antonio.

*Hotel Clerk: This is the Grand Hotel **reservation desk**. I am calling to confirm your reservation for two **double rooms** for check-in **December** 24, after 3:00 and check-out **January** 2 by 11:00 am.*

*Antonio: Yes. Are the rooms on the **same floor**?*

*Hotel Clerk: Yes. They are all **next to each other**. There is a complimentary breakfast each morning.*

*Antonio finished the call and went inside the house for a cup of chocolate. He has hotel rooms for anyone who wants to **sleep in a bed instead** of a sofa. It will be a long **week** and people will appreciate the chance to be in a good bed **from time to time**.*

Parte 3

El día siguiente...

Julia y Antonio **se despiertan** temprano. Antonio conduce temprano al aeropuerto para recoger a su hermano y su familia. La esposa de su hermano no ha estado en su casa en una década. Será agradable entretenerlos.

Antonio: **¡Feliz Navidad!**

Antonio ayuda a su hermano a poner el equipaje en el automóvil.

Jaime y su esposa: ¡Feliz Navidad

Se van del **aeropuerto** y se dirigen a la casa de Antonio **charlando** todo el camino.

Cuando llegan a la casa de Antonio, hay otros invitados que han llegado. El hijo de Antonio y Julia, Raúl, está allí con el ayudante de la abuela, Jasmina. También están allí sus hijos gemelos de 6 años Jaime y Julio. Jaime y Julio están jugando con sus primos, Wanda, Antonia y Alfonso. Todos tienen la misma edad y disfrutan de la compañía del otro.

Los niños: "¡Tío Jaime! ¡Tía Lidia!

Todos los niños recibieron abrazos y besos. Sus padres recibieron lo mismo. Julia entró desde la cocina y preguntó si alguien necesitaba un refrigerio.

Julia: ¿Te gustaría té o café? ¿Quizás un refresco o agua?

Jaime: Ven a darme un abrazo, cuñada. Te ves hermosa y tu cocina huele genial.

Lidia: Coqueteas, la dejas sola.

Se volvió hacia Julia.

Lidia: Déjame ayudarte en la cocina. Puedo traer bebidas para todos.

Cuando estaban en la cocina, Lidia vio un pastel decorado en el mostrador.

Lidia: ¿Qué es este pastel de cumpleaños?

Julia: Hoy es el 85 **cumpleaños** de mi **suegra**. La vamos a sorprender con un pastel y una estancia en el hotel durante la semana. De esa manera, ella puede estar lejos de todo el ruido cuando quiera un poco de tranquilidad, y estar aquí cuando lo desee.

Lidia: Eso es muy lindo. 85 años es una larga vida. ¿Es muy frágil?

Julia: Antonio cree que sí. **Creo** que ella es **fuerte** como un caballo. Pero Antonio quiere que se quede en el hotel. Si ella no quiere quedarse allí, ocuparé. Estaré listo para un descanso en unos días.

Mientras las damas traían las bebidas, había aún más personas en la casa. Una era una viejecita que estaba sentada en una silla con todos los niños a su alrededor. Todos estaban felices.

******

The next day...

Julia and Antonio **wake up** *early. Antonio drives early to the* **airport** *to pick up his brother and his family. His brother's wife has not been at home in a decade. It will be nice to entertain them.*

Antonio helps his brother put the luggage in the car.

Antonio: **Merry Christmas!**

Jaime and his wife: Merry Christmas

*They leave the **airport** and go to Antonio's house **chatting** all the way.*

When they arrive at Antonio's house, there are other guests who have arrived. Antonio and Julia's son, Raúl, is there with the grandmother's assistant, Jasmina. There are also their 6-year-old twin sons Jaime and Julio. Jaime and Julio are playing with their cousins, Wanda, Antonia, and Alfonso. Everyone is the same age and enjoys each other's company.

The children: **Uncle** *Jaime!* **Aunt** *Lidia!*

All the children received hugs and kisses. His parents received the same. Julia entered from the kitchen and asked if anyone needed a snack.

Julia: Would you like tea or coffee? Maybe a soda or water?

Jaime: Come give me a hug, sister-in-law. You look beautiful and your kitchen smells great.

Lidia: You flirt, you leave her alone.

He turned to Julia.

Lidia: Let me help you in the kitchen. I can bring drinks for everyone.

When they were in the kitchen, Lidia saw a decorated cake on the counter.

Lidia: What is this birthday cake?

*Julia: Today is my **mother-in-law's** 85th **birthday**. We will surprise her with a cake and a stay at the hotel during the week. That* *way, she can be away from all the noise when she wants some peace of mind and be here whenever she wants.*

Lidia: That's very nice. 85 years is a long life. It is very fragile?

*Julia: Antonio thinks so. I **think** she is **strong** like a horse. But Antonio wants him to stay at the hotel. If she doesn't want to stay there, I will. I will be ready for a break in a few days.*

Parte 4

La vieja se veía bien. Tenía los **ojos** claros y **se movía** bien. Su hija, Eréndira, también se veía bien. Julia se alegró de que la anciana no fuera una carga para su **cuñada**. El esposo de Eréndira, Leon, estaba ocupado enviando a los pequeños a la **cocina** a tomar una cerveza. "Bueno", pensó Julia, es Navidad ".

La víspera de Navidad fue informal y la gente vino a la casa y se fue a su **antojo**. Los niños estaban jugando y durmiendo la siesta, disfrutando del tiempo de libertad incluso con sus padres cerca.

Después de la cena, todos comieron pastel de cumpleaños y saludaron a la matriarca de la familia. Había regalos para ella y los niños gritaban: "¡**Feliz cumpleaños, bisabuela**!". La mujer tenía **lágrimas** de felicidad en los ojos cuando pidió un segundo pedazo de pastel.

Los niños se fueron a casa temprano. Había dos familias compartiendo una habitación de hotel. Condujeron a las festividades y trajeron **sacos de dormir** para los niños. Tenían regalos para los niños y Julia los envió a casa con comida para la mañana hasta que llegaron a la gran fiesta.

La matriarca familiar se quedó en el hotel con su hija y yerno. Sabía que el día siguiente sería largo, así que quería despertarse a un ritmo pausado. Julia envió comida con ellos también.

En la mañana de Navidad, Julia y Antonio se levantaron temprano e **intercambiaron regalos**. Tenían varios familiares que se quedaban con ellos, todos adultos. Cuando Julia se dirigió a la cocina, encontró café preparado y **rollos de canela** recién **horneados en el horno**.

Había una nota de su hija, deseándole una Feliz Navidad y haciéndole saber que volvería más tarde después de que abrieran los regalos en su casa.

Julia y Antonio disfrutaron unos momentos de la casa silenciosa mientras tomaban un café antes de que volviera el alegre ruido.

******

*The old woman looked good. Her **eyes** were clear and **she moved** well. Her daughter, Erendira, looked well too. Julia was glad the old woman was not a burden on her **sister-in-law**. Erendira's husband, Leon, was busy sending the little ones into the **kitchen** for a beer. "Well," Julia thought, it's Christmas."*

*Christmas eve was informal, and people came to the house and left **as they pleased**. The children were playing and napping, enjoying the time of freedom even with their parents close by.*

*After dinner, everyone had a birthday cake and saluted the family matriarch. There were presents for her and the children shouted, **"Happy Birthday, great-grandmother!"** The woman had happy **tears** in her eyes as she asked for a second piece of cake.*

*The children went home early. There were two families sharing one hotel room. They drove to the festivities and brought **sleeping bags** for the children. They had gifts for the children and Julia sent them home with food for the morning until they arrived for the big party.*

*The family matriarch stayed at the hotel with her daughter and **son-in-law**. She knew the following day would be long, so she wanted to wake up at a leisurely pace. Julia sent food with them as well.*

*On Christmas morning, Julia and Antonio woke up early and **exchanged gifts**. They had several relatives staying with them, all adults. When Julia made her way to the kitchen, she found coffee on brewing and fresh **cinnamon rolls warming in the oven**.*

There was a note from her daughter, wishing her a Merry Christmas and letting her know she would be back later after the gifts were opened at her house.

Julia and Antonio enjoyed a few moments of the silent house while sipping coffee before the happy noise returned.

Parte 5

En la víspera de Año Nuevo, hubo una gran fiesta en el hotel donde Antonio había reservado las habitaciones para que la familia se quedara. Habían sido utilizados a menudo durante la semana. A veces, todos los niños fueron llevados al hotel para jugar en la **piscina**, otras veces, los adultos fueron al hotel para quedarse después de una noche en la ciudad. Era un lugar popular para toda la familia. Incluso Julia y Antonio pasaron un tiempo allí cuando Julia estaba cansada de cocinar y limpiar. Fue la excusa perfecta para que Antonio pasara tiempo con su madre y Julia para descansar y mirar televisión.

Entonces, cuando llegó la víspera de Año Nuevo, la familia decidió participar en las festividades en el hotel. Los adultos podían turnarse para observar a los niños y todos acampaban en la habitación para pasar la noche.

Al final resultó que, la madre de Antonio pasó un tiempo en el salón de baile del hotel y estuvo allí para el cambio de año. Estaba con Julia. Antonio había decidido **acostarse** alrededor de las 10:30 p.m., igual que los niños adolescentes. Dijo que lo vería en la televisión. Julia estaba feliz de recibir el año nuevo con su suegra **enérgica**.

Julia: Gracias por **criar** a un hombre tan bueno.

La Suegra: Tú criaste al hombre, yo crie al niño.

De repente, comenzó la cuenta regresiva.

Toda la Gente: 5, 4, 3, 2, 1, ¡Feliz Año Nuevo!

Beben **vino espumoso** y se saludan.

Julia: Y muchos más por venir.

*****

*On New Year's Eve, there was a big party at the hotel where Antonio
had booked the rooms for the family to stay. They had been used
often during the week. At times all of the children were taken to the
hotel to play in the **pool**, at other times, the adults went to the hotel
to stay after a night on the town. It was a popular location for all the
family. Even Julia and Antonio spent time there when Julia was tired
of cooking and cleaning. It was the perfect excuse for Antonio to
spend time with his mother and Julia to rest and watch television.*

*So, when New Year's Eve came around, the family decided to partake
in the festivities at the hotel. The adults could take turns watching the
children and they would all camp out in the room for the night.*

*As it turned out, Antonio's mother spent time in the hotel ballroom
and was there for the changing of the year. She was with Julia.
Antonio had decided **to go to bed** around 10:30 pm, at the same
time as the adolescent children. He said he would watch it on
television. Julia was happy to ring in the new year with her **spry**
mother-in-law.*

*Julia: Thank you for **raising** such a good man.*

Mother-in-law: You raised the man, I raised the child.

Suddenly, the countdown began.

Everyone: 5, 4, 3, 2, 1, Happy New Year!

*They sip **sparkling wine** and salute each other.*

Julia: And many more to come.

Resumen

Una familia numerosa está teniendo una reunión familiar entre
Nochebuena y Año Nuevo. También están celebrando el 85
cumpleaños del pariente vivo más viejo. Las familias disfrutan de las

comidas y el tiempo que pasan con miembros de la familia que no ven
con frecuencia.

<u>Summary</u>

*A large family is having a family reunion between Christmas Eve
and New Year's Day. They are also celebrating the 85th birthday of
the oldest living relative. The families enjoy the meals and the time
they spend with members of the family they don't see often.*

<u>Vocabulary</u>

Spanish	Pronunciation	English
acostarse	ah-koh-**star**-say	**to go to bed**
adornos	ah-**door**-nohs	**ornaments**
aeropuerto	air-roh-**pwer**-toh	**airport**
antojo	an-**toh**-ho	**whim**
asegurarse	ah-say-goo-**rahr**-say	**to make sure**
ayudar	ah-yoo-**dar**	**to help**
barrer la acera	bah-**rare** lah ah-**sayr**-ah	**to sweep the sidewalk**
bisabuela	bees-ah-**bwel**-ah	**great-grandmother**
charlar	char-**lahr**	**to chat**
cocina	ko-**see**-nah	**kitchen**
creer	cray-**air**	**to think, believe**
criar	kree-**ar**	**to raise**
cumpleaños	koom-plee-**ah**-dohs	**birthday**
cuñado	koo-**nya**-doh	**brother-in-law**
de vez en cuando	day vehz in **kwahn**-doh	**from time to**

		time
despertarse	des-pair-**tar**-say	**to wake up**
Día de Año Nuevo	**Dee**-ah de **An**-yoh Nu-**way**-voh	**New Year's Day**
diciembre	dee-cee-**em**-bray	**December**
divertido para ambos	dee-vair-**tee**-doh **pah**-rah **ahm**-bohs	**fun for both**
dormir en una cama	dohr-**meer** in **oo**-nah **cah**-mah	**sleep in a bed**
el día siguiente	el **dee**-ah see-gee-**in**-tay	**the following wife'**
en lugar	in **loo**-garh	**instead**
encargar la interior de la casa	in-car-**gar** lah een-tare-ree-**or** day lah **cah**-sah	**put in order the inside of the house**
enérgica	in-**air**-hee-ka	**spry**
enero	ee-**nair**-oh	**January**
feliz	fay-**leez**	**happy**
¡Feliz cumpleaños!	Fay-**leez** Coom-plee-**ahn**-yos	**happy birthday**
¡Feliz Navidad!	Fay-**leez** Nah-vee-**dad**	**Merry Christmas!**
fuerte	**fwair**-tay	**strong**
generaciones	hen-air-rah-cee-**oh**-nays	**generations**
habitaciones dobles	ah-bee-tah-cee-**oh**-nays **doh**-blays	**double rooms**
hermanas	air-**mahn**-ohs	**sisters**
horneados en el horno	or-knee-**ah**-dohs in ell **or**-noh	**warming in the oven**
intercambiar	eeen-tur-kam-bee-**ar**	**to exchange**
la piscina	lah pee-**see**-nah	**the pool**

lágrimas	**lah**-gree-mahs	tears
mismo piso	**mees**-moh **pee**-soh	same floor
mostrador de reservas	moh-strah-door	reservation desk
nieta	nee-**eh**-tah	granddaughter
ocupada limpiando	oh-koo-**pah**-dah leem-pe-**ahn**-doh	busy cleaning
ojos	**oh**-hohs	eyes
propia infancia	**proh**-pee-ah een-**fahn**-cee-ah	own childhood
regalo	ray-**gah**-loh	gift
regalos	ray-**gah**-lohs	gifts
reunión familiar	ray-oon-ee-**ohn** fah-meeh-lee-**ahr**	family reunion
rollos de canela	**roh**-yohs day cahn-**eh**-lahs	cinnamon rolls
sacas de dormir	**sah**-cahs day **dohr**-meer	sleeping bags
saludar	sa-loo-**dar**	to greet
semana	see-**mah**-nah	week
suegra	**sway**-grah	mother-in-law
tomar descansos	toh-**mar** dehs-**can**-sohs	to take breaks
uno lado al otro	**oon**-oh **lah**-doh ahl **oh**-troh	next to each other
vino espumoso	**vee**-noh es-poo-**moh**-soh	sparkling wine
víspera de Navidad	**vee**-spah-rah day **Nah**-vee-dad	Christmas Eve

<u>**Questions about the story**</u>

1. ¿Quién está cuidando el exterior de la casa?

    a. Julia
    b. Antonio
    c. Raúl

2. ¿Por qué Antonio reserva habitaciones de hotel?

    a. tener una fiesta
    b. para que la gente se sienta cómoda durmiendo
    c. para que no tenga que ver a su familia

3. ¿Quién se duerme antes de la medianoche en la víspera de Año Nuevo?

    a. Antonio
    b. Julia
    c. La madre de Antonio

<u>**Answers**</u>

    1. b
    2. b
    3. a

Chapter 9: Una Cosa Divertida Sucedió en el Camino a Mi Entrevista de Trabajo/*A Funny Thing Happened on the Way to My Job Interview*

Parte 1

Alejandra **llega tarde** a su **entrevista** de trabajo. Todo estuvo bien hasta **diez** minutos antes. Ella estaba vestida muy bien. Ella llegó temprano y decidió tomar una **taza de café**. Quería **revisar sus notas** sobre la compañía y estudiar su currículum, **destacando** las áreas que consideraba relevantes para el trabajo para el que se postula.

Todo fue genial hasta que un niño, por qué hay un niño en la **cafetería**, untó su **galleta** en la **manga** de su **blusa.**

Alejandra: ¡Oh, no!

La blusa **blanca** ahora tenía una mancha de **chocolate grasienta** en la **manga**.

Alejandra estaba hablando sola y fue **entonces** cuando la madre de la niña se **dio cuenta** de que su hijo podría haber hecho el desastre. Su hijo extendía la galleta y la **agitaba** en el aire.

La Madre: Oh, Dios mío. ¿Mi hijo hizo eso?

Alejandra: Uh, sí. Tengo una entrevista de trabajo en 10 minutos y mi blusa está **arruinada**.

La Madre: Oh, lo siento mucho. ¿Qué puedo hacer? Lo sé. Tengo un **suéter** aquí. Está limpio. **Combina con tu falda**. Puedes usarlo. Me siento mal porque mi hijo ensució tu blusa.

Alejandra pensó por casi 30 segundos. Luego, incapaz de pensar en otra cosa, acepta **pedir prestado** el **suéter**.

Alejandra: Gracias. Mi nombre es Alejandra, **por cierto**.

La Madre: Yo soy Carmen. **Encantada de conocerte**.

Alejandra: Mi entrevista solo **debería tomar** unos 45 minutos. Traeré el suéter de regreso.

Alejandra se puso el suéter y salió de la cafetería, cruzó la calle y fue al **edificio de oficinas** para su entrevista.

******

*Alejandra **is running late** for her job **interview**. Everything was fine until **ten** minutes before. She was dressed nicely. She arrived early and decided to get a **cup of coffee**. She wanted to **review her notes** about the company and study her resume, **highlighting** areas she felt were relevant to the job for which she is applying.*

*Everything was great until a child, why is there a child in the **coffee shop**, **smeared** his **cookie** on the **sleeve** of her **blouse**.*

Alejandra: Oh no!

*The **white** blouse now had a **greasy chocolate stain** on the sleeve.*

*Alejandra was talking alone and that was **when** the boy's mother realized that her son could have made the mess. Her son **waved** the cookie in the air.*

The Mother: Oh my. Did my son do that?

*Alejandra: Uh, yes. I have a job interview in 10 minutes and my blouse is **ruined**.*

*Mother: Oh, I'm so sorry. What I can do? I know. I have a sweater here. It is clean and it **matches your skirt**. You can use it. I feel bad because my son soiled your blouse.*

*Alejandra thought for almost 30 seconds. Then, unable to think of anything else, she agrees **to borrow** the **sweater**.*

*Alejandra: Thank you. My name is Alejandra, **by the way**.*

*The Mother: I am Carmen. **Nice to meet you**.*

*Alejandra: My interview **should only take** about 45 minutes. I will bring the sweater back.*

*Alejandra put on her sweater and left the cafeteria, crossed the street and went to the **office building** for her interview.*

Parte 2

Carlos **está esperando** una posible entrevista. Necesita un **asistente** para poder **pasar más tiempo** con su esposa e hijo. Es el **dueño** de un **negocio** y necesita una persona inteligente y buena con el análisis y **la redacción de informes**.

"**¿Dónde** está esta mujer?", piensa Carlos. Bueno, todavía no llega tarde, pero debería llegar temprano; temprano es mejor. Él quiere hacer la entrevista y terminar con eso.

Finalmente, **suena el intercomunicador** y se muestra a Alejandra en su oficina.

******

*Carlos is **waiting** for an interview prospect. He needs an **assistant** so he can **spend more time** with his wife and child. He is the **owner** of a **business** and needs a person who is smart and good with **analysis and report writing**.*

*"**Where** is this woman," Carlos is thinking. Well, she isn't late yet, but she should be early; early is better. He wants to do the interview and be done with it.*

*Finally, the **intercom rings** and Alejandra are shown into his office.*

Parte 3

Alejandra tiene las **mejillas** rojas y está **sin aliento** mientras extiende su mano en la presentación.

Alejandra: Hola. Soy Alejandra Cruz. Gracias por verme hoy.

Carlos: Hola. Soy Carlos Dejas. ¿Quieres agua o café?

Alejandra: No gracias. Alejandra no quería que esto continuara más de lo necesario.

Carlos no está seguro, pero piensa que su suéter **parece familiar**.

Alejandra le está entregando a Carlos una copia de su **currículum** cuando se da cuenta de que es el que **ha marcado**.

Es **incómodo**, pero ella lo **recupera** y **obtiene** otro.

Carlos piensa que Alejandra es **extraña** y está listo para **seguir adelante**. Ella no sirve.

De todos modos, Carlos le cuenta a Alejandra cómo comenzó la empresa y la necesidad actual de más empleados.

Alejandra **señala** cómo su experiencia **será útil** y cómo puede ser parte del futuro en la compañía de Carlos.

******

*Alejandra has red **cheeks** and is **out of breath** while extending her hand in the presentation.*

Alejandra: Hi. I'm Alejandra Cruz. Thanks for seeing me today.

Carlos: Hi. I'm Carlos Dejas. Do you want water or coffee?

Alejandra: No thanks. Alejandra did not want this to continue more than necessary.

*Carlos is not sure, but he thinks her sweater **looks familiar**.*

*Alejandra is giving Carlos a copy of her **resume** when she realizes that it is the one she has **marked up**.*

*It's awkward, but she **retrieves** it and gets another.*

*Carlos thinks Alejandra is **strange** and is ready to **move on**. She won't work.*

***Anyway**, Carlos tells Alejandra how the company started and the current need for more employees.*

*Alejandra **points out** how her experience **will be useful** and how she can be part of the future in Carlos' company.*

Parte 4

La entrevista **termina**, pero Carlos sigue **mirando** el suéter. Hay un pequeño rasgón cerca del **cuello** que se parece a la del suéter de su esposa.

Carlos acompaña a Alejandra a la puerta de su oficina,

Carlos: Gracias por venir hoy. Tenemos algunas entrevistas más esta semana y deberíamos estar en contacto **a fines de la próxima semana** para conocer los próximos pasos. Le informaremos de cualquier manera.

Alejandra: Disfruté hablar contigo. Tu compañía parece un lugar donde puedo aprender mucho. Gracias por verme hoy.

Alejandra se dirige hacia **abajo en el elevador**. No está segura de qué tan bien le fue en la entrevista, pero aun así necesitaba devolver el suéter, así que se apresura a **cruzar la calle** hacia la cafetería.

Carlos empaca su **maletín**, cierra su oficina y se encuentra con su esposa en la cafetería de enfrente. Está feliz de pasar un tiempo con su familia.

Cuando Carlos entra a la cafetería, ve a su esposa hablando con la mujer que acaba de entrevistar, Alejandra. Ella le está entregando un suéter a su esposa.

Esto es extraño, piensa Carlos.

Carlos: Hola, cariña. ¿Cómo está mi encantadora esposa hoy?

Carmen: Simplemente feliz de verte mientras todavía **hay luz del día**.

Alejandra se pone roja de nuevo en **la cara** y se excusa para que la familia pueda continuar con su día.

Alejandra: Encantado de conocerlos a todos.

Alejandra se retira de la cafetería.

Carlos y su esposa se miraron confundidos.

Carmen: ¿Cómo la conoces? ¿Estaba usando tu suéter?

Carmen: Acabo de conocerla. Tu lindo hijo recibió una galleta con chispas de chocolate en toda su blusa. Le presté mi suéter. Ella dijo que tenía una entrevista de trabajo. **Me sentí mal** por ella. Espero que no la haya **estropeado**.

Carlos: ¡Ella tuvo una entrevista **conmigo**! Al principio pensé que estaba extraña y distraída. Ella se recuperó más tarde. Me di cuenta de que su suéter tenía un rasgón pequeño como la tuya.

Carmen: Bueno, es mi suéter. Fue lo mejor que pudimos hacer. Creo que deberías **contratarla**. Ella no perdió la **paciencia** y trabajamos **juntos** para resolver el problema. Ella fue muy **amable**.

Carlos piensa por un momento y se da cuenta de que eso es lo que necesita. Un asistente práctico que puede resolver problemas rápidamente.

Carlos: Creo que tienes razón. Ella tiene buena experiencia y no vino con **excusas y quejas**. La llamaré por la mañana y le ofreceré un trabajo. Ahora, vamos a casa mientras aún hay luz del día.

******

*The interview **ends**, but Carlos keeps **looking** at the sweater. There is a small **tear** near the **neck** that looks like his wife's sweater.*

Carlos accompanies Alejandra to the door of her office,

*Carlos: Thank you for coming today. We have some more interviews this week and we should be in touch **by the end of next week** to learn about the next steps. We will inform you either way.*

Alejandra: I enjoyed talking to you. Your company seems like a place where I can learn a lot. Thanks for seeing me today.

*Alejandra heads **down in the elevator**. She is not sure how well she did in the interview, but she still needed to return the sweater, so she rushes **across the street** to the cafeteria.*

*Carlos packs his **briefcase**, closes his office and meets his wife in the cafeteria across the street. He is happy to spend time with his family.*

When Carlos enters the cafeteria, he sees his wife talking to the woman he has just interviewed, Alejandra. She is handing a sweater to his wife.

This is strange, thinks Carlos.

Carlos: Hi, honey. How is my lovely wife today?

*Carmen: Just happy to see you while there is still **daylight**.*

Alejandra turns red on her face and excuses herself so that the family can continue with her day.

Alejandra: Nice to meet you all.

Alejandra leaves the cafeteria.

Carlos and his wife looked confused.

Carmen: How do you know her? Was I wearing your sweater?

*Carmen: I just met her. Your pretty son received a chocolate **chip** cookie all over her blouse. I lent her my sweater. She said she had a job interview. I **felt bad** for her. I hope it wasn't **spoiled**.*

*Carlos: She had an interview **with me**! At first, I thought I was strange and distracted. She recovered later. I noticed that his sweater had a small tear like yours.*

*Carmen: Well, it's my sweater. It was the best we could do. I think you should **hire** her. She did not lose her **temper** and we worked **together** to solve the problem. She was very **kind**.*

Carlos thinks for a moment and realizes that this is what he needs. A practical assistant that can solve problems quickly.

*Carlos: I think you're right. She has good experience and did not come with **excuses and complaints**. I will call her in the morning and offer her a job. Now, let's go home while there is still daylight.*

Resumen

Una mujer se prepara para una entrevista de trabajo cuando un niño ensucia su blusa. La madre del niño le presta un suéter a la mujer para que no se vea la mancha. La entrevista no es muy buena y la mujer le devuelve el suéter, pero de todos modos recibe una oferta de trabajo.

Summary

A woman is preparing for a job interview when a child soils her blouse. The child's mother loans the woman a sweater so the stain is not showing. The interview is not very good and the woman returns the sweater but gets an offer for a job anyway.

Vocabulary

Spanish	Pronunciation	English
a fines de la próxima semana	ah **feen**-ess day lah **proh**-zee-mah see-**mah**-nah	**by the end of next week**
abajo en el elevador	ah-**bah**-hoh in el el-ee-**vay**-tor	**down in the elevator**
agitar	ah-hee-**tar**	**to/shake**

amable	ah-**mah**-blay	**kind**
arruinar	ah-roo-een-ahr	**to ruin**
ascensor	a-sens-**ohr**	**elevator**
asistente	a-ses-**ten**-tay	**assistant**
blanca	**blahn**-kah	**white**
blusa	**bloo**-sah	**blouse**
cafetería	ka-fay-tair-**ee**-ah	**coffee shop**
chispas de chocolate	**chees**-pahs day chah-koh-**lah**-tay	**chocolate chips**
chocolate	chok-oh-**lah**-tay	**chocolate**
combina tu falda	comb-**ee**-nah too **fall**-dah	**matches your skirt**
conmigo	kohn-**mee**-goh	**with me**
contratar	kon-trah-**tahr**	**to hire**
contratarla	kohn-trah-**tahr**-lah	**to hire her**
cruzar la calle	kroo-**sahr** lah **cah**-yay	**cross the street**
cuello	**kway**-loh	**neck**
currículum	coo-reek-**oo**-lum	**resume**
dar cuenta	dar **cwen**-tah	**to realize**
de todos modos	day **toh**-dohs **moh**-dohs	**anyway**
deber tomar	de-**bayr** toh-**mahr**	**should take**
destacar	des-tah-**car**	**to highlight**
diez	dee-**ehz**	**ten**
dónde	**dohn**-day	**where**
dueño	**dway**-nyoh	**owner**
edificio de oficinas	ed-ee-**fee**-see-oh de oh-fee-**see**-nohs	**office building**

encantada de conocerte	en-kahn-**tah**-dah day koh-noh-**sayr**-tay	**pleased to meet you**
entonces	in-**tohn**-says	**when**
entrevista	en-tray-**vee**-stah	**interview**
estar esperando	es-**star** ess-pair-**ahn**-doh	**to be waiting**
estropeado	ehs-troh-peh-**ah**-doh	**spoiled**
excusas y quejas	ex-**coo**-sahs ee **kay**-has	**excuses and complaints**
extraña	ex-**trah**-nyah	**strange**
galleta	guy-**eh**-tah	**cookie**
grasienta	gra-see-**in**-tah	**greasy**
hacer marcado	a-**sayr** mar-**cah**-do	**to have marked up**
hay luz del día	aye loos dehl **dee**-ah	**daylight**
juntos	**hoon**-tohs	**together**
la cara	lah **cah**-rah	**her face**
la redacción de informes	lah ree-dahk-cee-**ohn**	**report writing**
maletín	mah-lay-**teen**	**briefcase**
manchar	man-**char**	**to stain**
manga	**man**-gah	**sleeve**
mejillas	may-**hee**-yos	**cheeks**
negocio	nee-**goh**-cee-oh	**business**
no sirve	noh seer-**vay**	**won't work**
paciencia	pah-see-**een**-see-ah	**patience**
parecer familiar	pah-reh-**sayr** fah-mee-lee-**ahr**	**to seem familiar**
pasar más tiempo	pah-**sahr** mahs tee-**imp**-oh	**to spend more time**

pedir presto	ped-**eer pres**-toh	**to borrow**
por cierto	pour cee-**air**-toh	**by the way**
rasgón	rahs-**gohn**	**tear/rip**
recuperar	ray-coo-pair-**ahr**	**to retrieves**
revisar sus notas	ray-vee-**sar** soos **noh**-tahs	**review her notes**
seguir adelante	say-**geer** ah-day-**lahn**-tay	**to move forward**
señalar	sen-yahl-**ahr**	**to point out**
sentir mal	sin-**teer** mahl	**to feel bad**
ser útil	sayr **oo**-teel	**to be useful**
sin aliento	seen ah-lee-**in**-toh	**without breath**
suena el intercomunicador	**sway**-nyoh el een-ter-coh-**mun**-ee-cah-**dohr**	**the intercom rings**
suéter	**swet**-tair	**sweater**
tarde	**tar**-day	**late**
taza de café	**tah**-zah day cah-**fay**	**cup of coffee**
terminar	ter-meen-**ahr**	**to end**
untar	oon-**tar**	**to smear/spread**

<u>Questions about the story</u>

1. ¿Cuál es la mancha en la blusa de Alejandra?

    a. chocolate
    b. café
    c. té

2. ¿Qué usa Alejandra para ocultar la mancha?

a. un suéter
b. una chaqueta
c. una bufanda

3. ¿Quién es la madre que prestó el suéter?

a. La madre de Carlos
b. La hermana de Alejandra
c. La esposa de Carlos

Answers

1. a
2. a
3. c

Chapter 10: **Rita Se Cae/*Rita Takes a Tumble***

Parte 1

Rita estaba **montando su bicicleta** en el camino cerca de su casa un día. A ella le gusta viajar allí porque **se atraviesa el bosque** y hubiera una bonita vista. Este día, el clima es perfecto para un **agradable paseo** y el camino no está lleno de gente. Es un viaje agradable hasta que **de repente**, un pequeño **ratón** salió **corriendo delante** de ella **seguido** de un gato. Rita intenta **evitar** a los animales **poco probables** en el camino, pero pierde el control y se cae de la bicicleta. No hay demasiada **sangre** y ella lleva puesto un **casco**. Rita sabe que habrá muchos **moretones**. Se pone de pie, toma su bicicleta y cojea a casa, feliz de que nadie la haya visto caer. Está avergonzada, le duele el **tobillo**, le sangran las manos y las **rodillas** y tiene que **caminar a casa**.

******

*Rita was **riding her bicycle** on the path near her home one day. She likes to ride there because it **goes through the wo**ods and there was a nice view. This day, the weather is perfect for a **nice ride** and the path is not crowded. It is an enjoyable ride until **suddenly**, a tiny mouse **ran** out **in front of** her **followed** by a cat. Rita tries to **avoid** the **unlikely** animals on the path, but she loses control and falls off the bicycle. There is not too much **blood** and she is wearing a **helmet**. Rita knows there will be many **bruises**. She stands up, gets her bicycle and limps home, happy that no one saw her fall. She is embarrassed, her **ankle** hurts, her hands and **knees** are bleeding and she has **to walk home**.*

Parte 2

Cuando Rita llega a casa, **apoya** su bicicleta contra el **costado de la casa** y entra para limpiar sus **heridas**. El camino a casa tardó solo diez minutos y no vio a nadie. Los dolores empezaban a aumentar, y ella quería algunos **analgésicos**. Tomó un poco de ibuprofeno y limpió los rasguños en sus brazos y piernas. Esperó a que su esposo volviera a casa del trabajo. Su tobillo comienza a **hincharse** y cree que sería una buena idea ir al hospital para hacerse una **radiografía**.

Rita está tratando radiografía, pero no es fácil ir a la cocina, **brincando** sobre su pierna buena, para obtener una bolsa de hielo fresca.

Franco: ¡Rita! ¡Estoy en casa!

Rita: hola. Estoy en el **estudio**. Me **lastime** el tobillo. ¿Puedes llevarme al hospital? Necesito una radiografía

Franco: ¿Qué pasó? ¿Por qué no me llamaste?

Rita: No quería **molestarte** en el trabajo. Sé que tienes una gran presentación por venir. No estuvo mal **al principio**. Sin embargo, creo que necesito que alguien lo vea.

Franco encuentra a su esposa **sentada** en el sofá con el pie apoyado en una **almohada**. Tiene una bolsa de hielo, pero puede ver la hinchazón. Su pie y tobillo son **del tamaño de un melón**.

Franco: Se ve muy hinchado. Y hay un rasguño en su cara, y su ojo está rojo. ¿Te **golpeaste la cabeza**?

Rita: Estaba usando mi casco. No me **desmayé**. Me duele un poco el brazo cuando caí sobre él, pero no es tan malo como el tobillo.

Franco **agita su dedo** frente a la cara de Rita.

Franco: ¿Cuántos dedos estoy levantando?

Rita: Ninguna. Los estás saludando a todos.

Franco: ¡Correcto! Vamos al hospital de todos modos. Te ayudaré al auto.

Rita: Gracias. Tal vez deberían mirarme el brazo también... solo para asegurarse.

Franco: Dejaremos que lo vean.

Franco ayuda a su esposa al auto, luego van al hospital.

Rita: No tuve tiempo para preparar la cena. Podemos **conseguir** algo comer en el camino. **Tengo hambre** y pronto lo estarás. Probablemente será una larga noche en la **sala de emergencias**.

Franco: Tienes razón. Tengo hambre ahora. Podemos comer en el camino.

******

*When Rita gets home, she **leans** her bicycle against the **side of the house** and goes inside to clean her **wounds**. The walk home took only ten minutes and she didn't see anyone. The pains were beginning to increase, and she wanted a few **pain relievers**. She took some ibuprofen and cleaned the scrapes on her arms and legs. She waited for her husband to come home from work. Her ankle is beginning to **swell up** and she thinks it will be a good idea to go to the hospital to have an **x-ray**. Rita is trying to keep ice on it, but it is not easy to go to the kitchen, **hopping** on her good leg, to get a fresh icepack.*

Franco: Rita! I'm at home!

*Rita: Hi. I'm in the **den**. I **hurt** my ankle. Can you take me to the hospital? I need an x-ray.*

Franco: What happened? Why didn't you call me?

Rita: I didn't want to bother you at work. I know you have a big presentation coming up. It wasn't bad at first. I think I need to have someone look at it, though.

*Franco finds his wife sitting on the sofa with her foot propped on a **pillow**. There is an ice pack on it but he can see the swelling. Her foot and ankle are the **size of a cantaloupe**.*

*Franco: It looks pretty swollen. And there is a scrape on your face, and your eye is red. **Did you hit your head**?*

*Rita: I was wearing my helmet. I didn't black out. My **arm** is hurting a little where I fell on it, but it isn't as bad as my ankle.*

88

Franco waves his finger in front of Rita's face.

Franco: How many fingers am I holding up?

Rita: None. You are waving them all.

Franco: Correct! Let's go to the hospital anyway. I will help you to the car.

Rita: Thanks. Maybe they should look at my arm as well...just to make sure.

Franco: We'll let them look at it.

Franco helps his wife to the car, then they go to the hospital.

*Rita: I didn't have time to make dinner. We can **get** something to eat on the way. **I'm hungry** and you will be soon. It will probably be a long night in the **emergency room**.*

Franco: You are right. I am hungry now. We can eat on the way.

Parte 3

Rita y Franco **esperaban** dos horas para que un **médico** vea a Rita. Finalmente, es llevada a la **sala de examen** y el médico mira su tobillo.

Doctor: Hmm ... ¿puedes **mover** los **dedos de los pies**?

El médico toca el área hinchado de su pie y tobillo.

Rita: Sí. Se están moviendo, ¿verdad?

Doctor: Está bien. ¿Duele más cuando lo **presiono**?

El doctor estaba hurgando en el hematoma que se **extendía alrededor** del pie de Rita.

Rita: **Me duele** lo **mismo** si lo estás tocando o no.

Doctor: Vamos al departamento de radiografía. Parece un **esguince** malo. ¿Hay algún problema con tu **ojo**? Es bastante rojo.

Rita: Parece que puede haber algo allí. Está irritado

El doctor tomó una **lupa** y miró el ojo rojo e irritado.

Doctor: Parece que hay algunas **partículas perdidas**. Le haremos un lavado de ojos mientras esperamos que alguien lo lleve a hacerse una radiografía.

Rita: Esta bien. Me duele el brazo también.

El médico lo mira y ve un gran **rasguño** y un **hematoma**.

Doctor: Parece un moretón profundo. Hay una abrasión que necesita ser limpiada. Enviaré a alguien para hacer eso también.

El equipo médico entró y limpió todos los rasguños de Rita y alguien vino y tomó una radiografía de su tobillo. El médico regresó aún más tarde con un diagnóstico.

Doctor: Bueno, no parece **roto**. Tendrás dolor por unos días. **Envolveremos** el tobillo y le daremos **muletas**. Debe hacer una cita con su médico en dos semanas para verificar el progreso.

Rita: Gracias.

✳✳✳✳✳✳

*Rita and Franco end up **waiting** for two hours for a **doctor** to see Rita. Finally, she is wheeled into the **exam room** and the doctor looks at her ankle.*

*Doctor: Hmm...can you **move** your **toes**?*

The doctor touches the swollen area of her foot and ankle.

Rita: Yes. They are moving, right?

*Doctor: Okay. Does it hurt more when I **press** on it?*

*The doctor was poking at the bruise that was **spreading around** Rita's foot.*

*Rita: It **hurts** the **same** whether you are touching it or not.*

*Doctor: Let's get you to the x-ray department. It looks like a bad **sprain**. Is there a problem with your **eye**? It is quite red.*

Rita: It feels like there may be something in there. It's irritated.

*The doctor got **a magnifying glass** and looked at the red and irritated eye.*

*Doctor: It looks like there are a **few stray particles**. We will do an eyewash while we wait for someone to take you to get an x-ray.*

Rita: Okay. My arm hurts as well.

*The doctor looks at it and sees a large **scrape** and a **bruise**.*

Doctor: It looks like a deep bruise. There is an abrasion that needs to be cleaned. I will send someone in to do that as well.

The medical team came in and cleaned up all of Rita's scrapes and finally, someone came and took an x-ray of her ankle. The doctor came back even later with a diagnosis.

*Doctor: Well, it doesn't look **broken**. You will be in pain for a few days. We will **wrap up** your ankle and give you crutches. You should make an appointment with your doctor in two weeks to check on the progress.*

Rita: Thank you.

Parte 4

Rita y Franco finalmente llegaron a casa en medio de la noche. Los dos estaban muy **cansados**. Rita estaba descansando en el estudio antes de subir a la cama. Estaba considerando dormir en el sofá.

Rita: ¡Guau! Sabía que tomaría mucho tiempo, pero fueron cinco horas.

Franco: Sí. Qué bueno que comimos antes de llegar allí. Le tomó mucho tiempo a alguien verte. También podría haber salido a tomar un **aperitivo**.

Rita: ¡Exactamente! De todos modos, mi tobillo se siente un poco mejor. Me alegra que me hayan tomado la **presión arterial.** He querido que lo revisen. Por supuesto, hubiera preferido no estar en la sala de emergencias.

Franco: Tu presión arterial es normal. Podrías haberte lastimado gravemente cuando te caíste. Me alegra que estés bien.

Rita estaba mirando por **la ventana** y vio algo extraño. Franco caminó hacia la ventana cuando la notó mirando en esa dirección.

Rita: ¿Ves algo afuera?

Franco: Parece un gato. Está caminando de un lado a otro en la **hierba** y mirando a la ventana.

De repente, el gato saltó **al alféizar.**

Rita: ¡Ese es el gato! Ese gato causó todo el accidente. Debe haberme seguido a casa.

Franco: Se ve **flaco**. Pondré una **lata de atún** y un poco de agua afuera para él.

Rita: Sí. Si todavía está por aquí **mañana**, podemos llevarlo al **veterinario**.
Si nadie lo está buscando, es posible que tenga que darle un nuevo hogar.

Franco: Me pregunto si ese gato tiene un **plan** para encontrar una familia. Si lo hace, creo que funcionó.

Rita: Sí, un **nuevo miembro de la familia** seguro.

✳✳✳✳✳✳

*Rita and Franco finally made it home in the middle of the night. They were both very **tired**. Rita was resting in the den before going upstairs to bed. She was considering sleeping on the couch.*

Rita: Wow! I knew it would take a long time, but that was five hours.

*Franco: Yes. Good thing we ate before we got there. It took a long time for anyone to see you. I could have gone out to get a **snack** too.*

*Rita: Exactly! Anyway, my ankle feels a little better. I'm glad they took my **blood pressure**. I've been meaning to have it checked. Of course, I would have preferred not to be in the emergency room.*

Franco: Your blood pressure is normal. You could have been hurt badly when you fell. I'm just glad you're okay.

Rita was looking out of the window and saw something strange. Franco walked to the window when he noticed her looking in that direction.

Rita: Do you see something outside?

*Franco: It looks like a cat. It's pacing back and forth on the **grass** and looking at the window.*

*Suddenly, the cat jumped up onto the **windowsill**.*

Rita: That's the cat! That cat caused the entire accident. He must have followed me home.

*Franco: He looks **skinny**. I'll set a **can of tuna** and some **water outside** for him.*

*Rita: Yes. If he is still around **tomorrow**, we can take him to the **veterinarian**.*
If no one is looking for him, I may have to give him a new home.

*Franco: I wonder if that cat has a **plan** to find a family. If he does, I think it worked.*

*Rita: Yes, a new **family member** for sure.*

Resumen

Rita está montando su bicicleta cuando tiene un accidente y se cae.
Puede caminar a casa, pero descubre que le duele el tobillo lo
suficiente como para no poder caminar después de la corta caminata.
Ella espera a que su esposo llegue a casa y van a la sala de
emergencias. El médico observa todas sus heridas. Rita se va a su casa
a recuperarse.

Summary

*Rita is riding her bicycle when she has an accident and falls off. She
is able to walk home but she finds that her ankle is hurt badly enough
that she can no longer walk on it after the short walk. She waits for
her husband to arrive home and they go to the emergency room. The
doctor looks at all of her wounds Rita goes home to recuperate.*

Vocabulary

Spanish	Pronunciation	English
afuera	ah-**fwer**-ah	**outside**
agita su dedo	ah-**hee**-tah soo **day**-doh	**wave his fingers**
agradable paseo	ah-grah-dah-blay pah-say-oh	**nice ride**
al alféizar	ahl ahl-feh-ee-**zar**	**windowsill**
al principio	ahl preen-**see**-pee-oh	**from the start**
almohada	all-moh-**hah**-dah	**pillow**
analgésicos	an-ahl-**hee**-see-cohs	**pain relievers**
aperitivo	ah-pair-ee-**tee**-voh	**snack**
apoyar	ah-poh-**yar**	**to lean**

brincando	breen-**can**-doh	hopping
caminar a casa	kah-mee-**nar** ah **kah**-sah	**to walk home**
cansar	kahn-**sahr**	**to be tired**
casco	**cahs**-coh	helmet
conseguir	con-say-**gueer**	**to get**
correr	cohr-**rehr**	**to run**
costada de la casa	coh-**stah**-dah day lah **cah**-sah	**side of the house**
de repente	day ray-pen-tay	**suddenly**
dedos de los pies	**day**-dohs day lohs pee-**aas**	toes
del tamaño de un melón	del tah-**mahn**-yo day un meh-**lone**	**size of a cantaloupe**
delante	day-**lahn**-tay	**in front of**
desmayar	days-may-**ahr**	**to faint**
dolerse	doh-**lohr**-say	**to hurt**
el brazo	el **brah**-zo	**arm**
envolver	ehm-bohl-**behr**	**to wrap up**
esguince	ess-**gween**-say	sprain
estudio	ess-**too**-dee-oh	**den**
evitar	eh-vee-**tar**	**to avoid**
extender alrededor	ex-ten-**dair** ahl-**ray**-day-dor	**to spread around**
flaco	**flah**-koh	**skinny**
golpeaste la cabeza	gohl-pee-**ah**-stay lah cah-**bay**-sah	**hit her head**
hematoma	eh-mah-**toh**-mah	**bruise**
heridas	air-**ee**-dahs	**wounds**
hierba	ee-**er**-bah	**grass**

hincharse	een-**char**-say	to swell up
la ventana	lah ven-**tahn**-ah	the window
lastimar	lah-stee-**mar**	to hurt oneself
lata de atún	**lah**-tah day ah-**toon**	can of tuna
lupa	**loo**-pah	magnifying glass
mañana	mahn-**yan**-ah	tomorrow
médico	**meh**-dee-ko	doctor
mismo	**mees**-moh	the same
montando su bicicleta	mohn-**tahn**-doh soo bee-see-**kleh**-tah	riding her bicycle
moretones	moor-ay-**toh**-nays	bruises
mover	moh-**vair**	to move
muletas	moo-**lay**-tahs	crutches
nuevo miembro de la familia	noo-**eh**-voh mee-**im**-broh day lah fam-**ee**-lee-ah	new family member
ojo	**oh**-hoh	eye
partículas perdidas	par-tick-oo-**lahs** pair-**dee**-dahs	stray particles
plan	plahn	plan
poco probables	**poh**-koh proh-**bahb**-lays	improbable
presión arterial	press-ee-**ohn** arh-tee-ree-**ahl**	blood pressure
presionar	preh-see-**oh**-nay	to press
radiografía	rah-dee-oh-grah-**fee**-ah	x-ray
rasguño	ras-**goon**-yo	scratch
ratón	rah-**tone**	mouse
rodillas	roh-**dee**-yas	knees
roto	**roh**-toh	broken

sala de emergencias	**sah**-lah day ee-mer-hen-**cee**-ahs	**emergency room**
sala de examen	**sah**-lah day ex-**am**-in	**exam room**
sangre	**sahn**-gray	**blood**
se atraviesa el bosque	say ah-tray-**veh**-sah el **bohs**-kay	**winding through the woods**
sentar	sin-**tar**	**to sit**
tener hambre	ten-**air ahm**-bray	**to be hungry**
tobillo	toh-**bee**-yo	**ankle**
veterinario	vet-er-een-**air**-ee-oh	**veterinarian**

Questions about the story

1. ¿Qué animales salieron corriendo delante de Rita

    a. un perro y un mono
    b. un pájaro y un gato
    c. un ratón y un gato

2. ¿Qué pasó con el tobillo de Rita?

    a. un esguince
    b. estaba roto
    c. se sintió bien

3. ¿Qué le dieron de comer al gato?

    a. unos tacos
    b. una manzana
    c. una lata de atún

<u>**Answers**</u>

98

1. c
2. a
3. c

Chapter 11: Luisa Tiene Dolor de Muelas/*Luisa Has a Toothache*

Parte 1

Luisa se **despierta** con un dolor terrible en el diente. Es un dolor constante. **Se cepilla los dientes** y **usa hilo dental**, pero aún siente **dolor**. Ella no deja que eso la detenga de las cosas que tiene que hacer durante el día. Ella toma un analgésico y se **va a trabajar**. Es un maravilloso martes por la mañana. Hay mucho sol y el viaje al trabajo en el **autobús** está bien.

******

*Luisa **wakes up** with a terrible pain in her tooth. It is a steady pain. She **brushes her teeth** and **flosses** them but she still feels pain. She does not let it stop her from the things she has to do during the day. She takes a pain reliever and **goes to work**. It is a wonderful Tuesday morning. There is lots of sunshine and the ride to work on the **bus** is fine.*

Parte 2

Luisa llama **a la oficina del dentista** un minuto después de que la oficina abre para el día.

Luisa: Hola. Mi nombre es Luisa Estrada y **tengo dolor de muelas.**

Recepcionista: ¿**Cuándo** comenzó a doler?

Luisa: Me desperté con el dolor esta mañana, y creo que **las encías** están hinchadas".

Recepcionista: Bueno, ¿te gustaría venir mañana **miércoles**? Costará más dinero entrar hoy. Será una visita de emergencia. ¿En cuánto dolor estás?

Luisa lo piensa por unos segundos y decide ir al dentista **lo antes posible**. No quiere despertarse mañana por la mañana y sentir más dolor.

Luisa: Creo que **me gustaría** ir a la oficina hoy. ¿A qué hora será?

Recepcionista: Puedes venir en cualquier momento después de las 10 de esta mañana.

Luisa decide ir a las 11:00.

Tan pronto como se hace la **cita**, Luisa toma más analgésicos.

Pedro: ¿Te sientes bien? Has estado muy **callado** hoy.

Luisa: Me duele el diente. Voy al dentista a las 11:00.

Pedro: ¿Quieres que **te lleve**? Tengo mi auto hoy.

Luisa: Puedo **caminar** hasta allí. ¿Crees que puedes **recogerme** a las 12:30? Eso sería realmente agradable. No quiero tener que volver caminando con la cara **entumecida**. Es **vergonzoso babear** frente a extraños.

Pedro: Bien. Entonces te recogeré.

******

*Luisa calls the **dentist's office** a minute after the office opens for the day.*

*Luisa: Hi. My name is Luisa Estrada and **I have a toothache**.*

*Receptionist: **When** did it start to hurt?*

*Luisa: I woke up in pain this morning, and I think **my gums** are swollen. "*

*Receptionist: Well, would you like to come tomorrow **Wednesday**? It will cost more money to come today. It will be an emergency visit. How much pain are you in?*

*Luisa thinks about it for a few seconds and decides to go to the dentist **as soon as possible**. She doesn't want to wake up tomorrow morning and feel more pain.*

*Luisa: I think **I would like to go** to the office today. What time will it be?*

Receptionist: You can come at any time after 10 this morning.

Luisa decides to go at 11:00.

*As soon as the **appointment** is made, Luisa takes more pain relievers.*

*Pedro: Do you feel good? You have been very **quiet** today.*

Luisa: My tooth hurts. I go to the dentist at 11:00.

*Pedro: Do you want **me to take you**? I have my car today.*

*Luisa: I can **walk** there. Do you think you can **pick me up** at 12:30? That would be really nice. I don't want to have to walk back with a **numb** face. It's **embarrassing to drool** in front of strangers. "*

Pedro: Right. Then I will pick you up.

Parte 3

Luisa llega a la oficina dental unos minutos antes para que pueda registrarse.

Luisa: Hola. Tengo una cita de 11:00 con el Dr. Oferta.

Luisa está llevada a una pequeña habitación para **tomar radiografías** del diente problemático. Luego es **escoltada** a la sala de examen y sentada en el asiento.

El Dr. Oferta mira las radiografías y dice que es una gran **cavidad**.

El dentista **entumece** las encías alrededor del diente problemático y con un gel y luego de unos minutos **inyecta** la **novocaína** en sus encías.

El dentista habla sin parar durante 45 minutos mientras **perfora** y **llena** la cavidad de Luisa

El Dr. Oferta termina de llenar la cavidad y le da instrucciones a Luisa de **enjuagarse** la boca y **escupir** en el **tazón**.

Luisa derrama agua sobre sí misma y el intento de escupir el agua es **cómico**. Por suerte, todavía llevaba puesto el **babero**.

******

Luisa arrives at the dental office a few minutes before so she can register.

Luisa: Hi. I have an 11:00 appointment with Dr. Oferta.

*Luisa is taken to a small room to **take x-rays** of the problem tooth. She is then **escorted** to the exam room and sitting in the seat.*

*Dr. Oferta looks at the x-rays and says it is a large **cavity**.*

*The dentist numbs the gums around the problem tooth and with a gel and after a few minutes **injects** the **novocaine** into her gums.*

*The dentist speaks nonstop for 45 minutes while **drilling** and **filling** Luisa's cavity.*

*Dr. Oferta finishes filling the cavity and instructs Luisa to **rinse** her mouth and **spit** in the **bowl**. Luisa **spills** water on herself and the attempt to spit the water is **funny**. Luckily, she was still wearing the **bib**.*

Parte 4

Con un lado de su **rostro** aún entumecido, Luisa le envía un **mensaje de texto** a su **compañero de trabajo** para que la recoja...

El auto **se detiene** y Pedro se está **riendo** cuando ella entra al auto.

Luisa: ¿Qué es tan **gracioso**?

Pedro: Estás babeando.

Luisa: Bueno, todavía estoy entumecida.

Ella tiene un **pañuelo** en la mano y mira el **espejo** y limpia la boca.

Luisa: Me veo terrible. Llévame a la oficina por favor. Solo quiero **esconderme** en mi **escritorio**.

Pedro: ¿No quieres ir a comer? Pensé que **compartíamos** un buen **bistec**.

Luisa solo cierra los ojos para una siesta rápida mientras Pedro conduce los pocos minutos hasta la oficina.

Luisa está trabajando durante la tarde cuando Pedro pasa por su escritorio con un regalo para ella.

Pedro: Te **traje** un poco de **sopa**. Estoy seguro de que tienes hambre.

Luisa: Lo estoy. Muchas quieres salir a comer gracias. No he comido desde ayer.

Pedro: No hay problema. Yo también te llevaré a casa. Tal vez este fin de semana realmente podamos ir a comer un bistec.

Luisa: Me gustaría eso.

Luisa no creía que su dolor de muelas tuviera un **final** tan feliz.

******

*With one side of her **face** still numb, Luisa sends a **text message** to her **coworker** to pick her up.*
*The car stops and Pedro **is laughing** when she enters the car.*

*Luisa: What's so **funny**?*

Pedro: You're drooling.

Luisa: Well, I'm still numb.

*She has a **handkerchief** in her hand and looks at the **mirror** and wipes her mouth.*

*Luisa: I look terrible. Take me to the office, please. I just want to **hide** at my **desk**.*

*Pedro: Don't you want to go out to eat? I thought we can **share** a good steak.*

Luisa just closes her eyes for a quick nap while Pedro drives a few minutes to the office.

Luisa is working during the afternoon when Pedro passes by her desk with a gift for her.

*Pedro: I **brought** you some **soup**. I'm sure you're hungry.*

Luisa: I am. Thank you very much. I have not eaten since yesterday.

Pedro: No problem. I will also take you home. Maybe this weekend we can go out to eat a steak.

Luisa: I would like that.

*She didn't think her toothache would have such a happy **ending**.*

Resumen

Una mujer se despierta con dolor de muelas. Ella va a trabajar, pero hace una cita con el dentista para ese día. El dentista descubre una cavidad y repara el diente. La mujer regresa a la oficina con un compañero de trabajo que luego la invita a salir.

Summary

A woman wakes up with a toothache. She goes to work but makes an appointment with the dentist for that day. The dentist discovers a cavity and repairs the tooth. The woman gets a ride back to the office with a co-worker who then asks her out on a date.

Vocabulary

Spanish	Pronunciation	English
autobús	aw-toh-**boos**	**bus**
babear	bah-bay-**ahr**	**to drool**
babero	bah-**behr**-oh	**bib**
bistec	**bee**-stake	**steak**
callarse	kai-**ahr**-say	**to be quiet**
cavidad	kah-vee-**dad**	**cavity**
cepillarse los dientes	say-pee-**ahr**-say lohs dee-**in**-tays	**to brush your teeth**
cita	see-tah	**appointment**
cómico	**ko**-mee-ko	**funny**
compañero de trabajo	com-pan-**nyer**-oh day trah-**bah**-ho	**coworker**
compartir	kom-par-**teer**	**to share**
cuando	**cwan**-doh	**when**
derramar	day-rah-**mahr**	**to spill**
despertar	deh-spare-**tar**	**to wake up**
detenerse	day-ten-**air**-say	**to stop**
dolor	doh-**lohr**	**pain**
enjuagarse	in-hoo-**gahr**-say	**to rinse out**
entumecer	in-too-meh-**sahyr**	**to numb**
escoltar	es-kohl-**tahr**	**to escort**

esconder	es-con-**dair**	to hide
escritorio	es-kree-**tor**-ee-oh	**desk**
escupir	es-coo-**peer**	**to spit**
espejo	es-**pay**-ho	**mirror**
final	fee-**nahl**	**ending**
gracioso	grah-cee-**oh**-soh	**funny**
gustarse	goo-**star**-say	**to want/like**
inyectar	een-yeck-**tahr**	**to inject**
ir a trabajar	eer ah trah-bah-**har**	**to go to work**
las encías	lahs in-**cee**-ahs	**the gums**
llenar	yay-**nar**-say	**to fill**
llevarse	yay-**var**-say	**to carry/take away**
lo antes posible	loh **ahn**-tays poh-**see**-blay	**as soon as possible**
mensaje de texto	min-**sah**-hay day **text**-oh	**text message**
miércoles	mee-**ir**-koh-lays	**Wednesday**
novocaína	noh-voh-cah-**ee**-nah	**novocaine**
oficina del dentista	oh-fee-**see**-nah dehl din-**tees**-tah	**dentist office**
pañuelo	pahn-**way**-loh	**handkerchief**
perforar	per-for-**ahr**	**to drill**
recogerse	ray-coh-**hair**-say	**to pick up**
reírse	ray-**eer**-say	**to laugh**
rostro	**roh**-stroh	**face**
sopa	**soh**-pah	**soup**
tazón	tah-**zohn**	**bowl**

tener dolor de muelas	ten-**air** doh-**lohr** day **mweh**-las	to have a toothache
tomar radiografías	toh-**mahr** rahd-dee-oh-grah-**fee**-ahs	to take x-rays
traer	trah-**air**	to bring
usar hilo dental	oo-**sahr ee**-loh den-**tahl**	floss
vergonzoso	vair-gwen-**zoh**-soh	embarrassed

Questions about the story

1. ¿Cómo llega Lisa al trabajo?

    a. Taxi
    b. para caminar
    c. autobús

2. ¿Cómo llega Lisa al consultorio del dentista?

    a. Taxi
    b. para caminar
    c. autobús

3. ¿Por qué Lisa quiere que la lleven al trabajo después de su cita?

    a. ella no se verá bien después de la cita con el dentista
    b. ella está cansada de caminar
    c. ella quiere almorzar

Answers

    1. c
    2. b
    3. a

Chapter 12: El Mejor Camino al Aeropuerto/*The Best Way to the Airport*

Parte 1

Fernando viaja para ver a su hijo. Tiene 60 años, pero **nunca ha estado** más lejos de su **ciudad natal** que el mercado cada primavera para vender **mantas de lana** que su esposa tejería durante los meses de invierno.

Fernando es viudo y viaja para ver a su hijo en los Estados Unidos. Su hijo, José, le envió **un boleto de avión** y el primer viaje de Fernando será largo. Ha hablado con su hijo y sus amigos para averiguar cómo llegar al aeropuerto, por lo que tiene **alguna idea** de qué hacer. Decide irse muy temprano en caso de que haya algún problema.

******

*Fernando is traveling to see his son. He is 60 years old but **has never been** further away from his **hometown** than the market each Spring to sell **wool blankets** his wife would weave during the winter months.*

*Fernando is a widower, traveling to see his son in the United States. His son, Jose, sent him **a plane ticket** and Fernando's first trip will be a long one. He has talked to his son and his friends to find out how to get to the airport, so he has **some ideas** what to do. He decides to leave very early in case there are any problems.*

Parte 2

Fernando **le pide** a su amigo que lo lleve en su **camioneta** a 60 kilómetros al norte de la gran ciudad.

Llega a la **estación** de autobuses, pero no sabe qué hacer. Ve a alguien en uniforme para preguntar.

Fernando: ¿Cómo me subo al autobús **para ir** al aeropuerto?

Asistente: Primero tienes que comprar un boleto, **luego esperas** a que llegue el autobús. **El próximo** autobús al aeropuerto sale en 4 horas.

Fernando: ¿Hay otra forma de llegar más rápido al aeropuerto? Tengo **mucho tiempo** antes de tener que estar en el aeropuerto, pero no quiero perder mi vuelo.

Asistente: Sí, puedes **tomar el tren**. Los trenes van al aeropuerto cada hora.

Fernando: ¿Dónde está la estación de trenes? ¿Como llego hasta ahí?

Asistente: Puedes caminar hasta la estación de tren, pero tienes una gran **maleta**. **Tal vez deberías** tomar un taxi hasta el tren. Estoy a unos 3 kilómetros de distancia.

Fernando: Bueno. ¿Dónde consigo un taxi?

Asistente: Hay taxis alrededor del edificio **a la izquierda**.

******

*Fernando **asks** his friend to take him in his **van** 60 kilometers north of the big city.*

*He arrives at the bus **station** but does not know what to do. See someone in uniform to ask.*

*Fernando: How do I get on the bus **to go** to the airport?*

*Attendant: First you have to buy a ticket, **then wait** for the bus to arrive. **The next** bus to the airport leaves in 4 hours.*

*Fernando: Is there another way to get to the airport faster? I have a **long time** before having to be at the airport, but I don't want to miss my flight.*

*Attendant: Yes, you can **take the train**. Trains go to the airport every hour.*

Fernando: Where is the train station? How do I get there?

Attendant: You can walk to the train station, but you have a large **suitcase. Maybe you should** *take a taxi to the train. I am about 3 kilometers away.*

Fernando: Well. Where do I get a taxi?

Attendant: There are taxis around the building **on the left***.*

Parte 3

Fernando **encuentra** la parada de taxis y puede tomar un taxi **en minutos**. Solo lleva unos minutos llegar a la estación de tren.

Fernando mira las muchas **ventanillas. Se acercó**, actuando como si comprara boletos de tren todos los días.

Fernando: Hola, **me gustaría** un boleto para el aeropuerto.

Vendedor de Boletos: **Aquí tienes**. El tren al aeropuerto está a su derecha. Que tengas un viaje agradable.

La tarifa del tren es razonable y el viaje es más rápido que el autobús. El tren **no va** directamente al aeropuerto. **Tendrá** que recorrer media milla desde la estación de tren hasta el aeropuerto. Él puede caminar esa distancia.

Fernando **está asombrado** de lo rápido que el tren se mueve por el campo. Parece que no hay tiempo hasta que pueda ver los aviones subiendo y bajando del cielo.
El **ingeniero** del tren anuncia el final del viaje a los alrededores del aeropuerto.

Fernando toma su maleta y la **arrastra** detrás de él hasta que se detiene cerca de un oficial de policía que escribe **multas de estacionamiento**.

Fernando: **Perdóneme**. ¿Me puede decir cómo llegar al aeropuerto?

Policía: ¿Estás **caminando** con esa maleta grande?

Fernando: No está muy lejos. Ya tomé un taxi y un tren. **Ahora** voy a caminar. Solo necesito instrucciones.

Policía: Es más fácil tomar el **autobús de enlace**. Camine por esta calle hasta que vea la señal de un autobús de enlace al aeropuerto. Súbete al autobús y te llevará a la **aerolínea** correcta.

Fernando: Gracias. Agradezco la información.

Fernando camina hacia el letrero. Hay **mucha gente** esperando. El autobús de enlace llegó en diez minutos. **Todos abordan** y Fernando está feliz de saber que el autobús de enlace es gratis. Puede bajarse en la puerta cerca de su aerolínea.

******

*Fernando **finds** the taxi rank and can take a taxi **in minutes**. It only takes a few minutes to get to the train station.*

*Fernando looks at the many **windows**. **He approached**, acting as if buying train tickets every day.*

*Fernando: Hello, **I would like** a ticket to the airport.*

*Ticket Seller: **Here you go**. The train to the airport is on your right. Have a nice trip.*

***The train fare** is reasonable and the trip is faster than the bus. The train does **not go** directly to the airport. You **will have** to travel half a mile from the train station to the airport. He can walk that distance.*

*Fernando **is amazed** at how fast the train moves through the countryside. There seems to be no time until I can see the planes rising and falling from the sky.*
*The train **engineer** announces the end of the trip around the airport.*

*Fernando takes his suitcase and **drags** it behind him until he stops near a police officer who writes **parking tickets**.*

*Fernando: **Excuse me**. Can you tell me how to get to the airport?*

*Police: Are you **walking** with that big suitcase?*

*Fernando: It's not far. I already took a taxi and a train. **Now** I am going to walk. I just need instructions.*

*Police: It is easier to take the shuttle bus. Walk down this street until you see the signal for a **shuttle bus** to the airport. Get on the bus and it will take you to the right **airline**.*

Fernando: Thank you. I appreciate the information.

*Fernando walks to the sign. There are **many people** waiting. The shuttle bus arrived in ten minutes. **Everyone board** and Fernando are happy to know that the shuttle bus is free. You can get off at the door near your airline.*

Parte 4

Fernando ve a muchas personas deambulando por el edificio, pero se une a la cola y espera en la **fila** para registrarse y obtener una **tarjeta de embarque**.

La cola no es larga porque la mayoría de la gente está usando las máquinas pequeñas, pero Fernando no tiene sus lentes y la mujer de la mujer del mostrador se ve muy amable y servicial.

Cuando Fernando llega al mostrador con su maleta grande, ella comienza a hacer muchas preguntas.

Representante: Hola, gracias por volar con nosotros hoy. ¿Tienes tu confirmación?

Fue el comienzo de la inquisición. Ella le pregunta si él empacó su propia bolsa y si contiene algo peligroso. Luego coloca la maleta en la báscula y ella cobra la tarifa por **registrar la bolsa**. Está casi por encima del límite de peso, pero Fernando saca un suéter y su medicamento de la maleta y lo lleva consigo. Ella le entrega la tarjeta de embarque y lo envía hacia la seguridad.

La línea de seguridad es larga, pero se mueve rápidamente. Al principio, no entiende por qué la gente se desnuda, se quita los cinturones y los zapatos, pero le dijeron que hiciera lo mismo y él hizo lo mismo.

Tardó unos minutos en vestirse de nuevo, pero logró pasar la seguridad y tuvo tiempo de sobra para llegar a la **puerta de la aerolínea**. No se dio cuenta de que los aviones estarían sentados justo afuera de las **ventanas**. Él estaba emocionado. Se paseó por las tiendas del aeropuerto. Compró un paquete de chicle siguiendo el consejo de su amigo, Guillermo, para que sus oídos no se tapen y finalmente llegue a la puerta correcta.

Fernando se sienta en la puerta, escuchando los anuncios escuchados. Están en muchos idiomas. Fernando está seguro de que el aeropuerto es como el mundo, personas de todas partes que van a todas partes. A él le gusta.

Pronto escucha un anuncio de que los **asientos** van a comenzar.

El agente dijo que Fernando puede, ya que es su primer vuelo, abordar temprano. Fernando acepta esta oferta de ayuda con alivio. Es viejo y no tiene idea de cómo encontrar su **asiento** en el avión.

Caminó por la **pasarela** fría y cuando llega al avión, la **azafata** lo ayuda a encontrar su asiento. Fernando está al lado de una ventana y observa a los hombres y mujeres conduciendo carros con equipaje. Se abrochó el cinturón de seguridad y observó la actividad mientras el avión se llenaba de gente.

Cuando el avión aterrice, verá a su hijo por primera vez en muchos años. Escucha al **piloto** hablar sobre la altitud y la hora de llegada, observa a otra azafata señalar las salidas de emergencia y establecerse para el viaje de su vida.

******

*Fernando sees many people wandering around the building but he joins the queue and waits in line to check in and get a **boarding pass**.*

*The **line** is not long because most people are using the little machines but Fernando does not have his eyeglasses and the woman at the counter looks very nice and helpful.*

As Fernando arrives at the counter with his large suitcase, she starts asking lots of questions.

Representative: Hello, thank you for flying with us today. Do you have your confirmation?

*This was the start of the inquisition. She asks if he packed his own bag and if it contains anything dangerous. Then he places the suitcase on the scale and she collects the fee for **checking the bag**. It is nearly over the weight limit, but Fernando removes a sweater and his medication from the suitcase and carries it with him. She hands him the boarding pass and sends him toward security.*

The security line is long but moving quickly. At first, he doesn't understand why people are undressing, removing belts and shoes, but he was told to do the same and he did the same.

*It took a few minutes to get dressed again but he made it through security and had plenty of time to get to his **gate**. He didn't realize the planes would be sitting right outside the **windows**. He was excited. He wandered around the airport shops. He bought a pack of gum on the advice of his friend, Guillermo, so his ears will not be clogged and eventually arrives at the correct gate.*

Fernando sits at the gate, listening to the announcements from overheard. They are in many languages. Fernando is sure the airport is like the world, people from everywhere going to everywhere. He likes it.

*Soon he hears an announcement that **seating** is going to start.*

*The agent said Fernando can, since it is his first flight, board early. Fernando accepts this offer of help with relief. He is old and has no idea how to find his **seat** on the plane.*

*He walked down the cold **gangway** and when he arrives at the plane, the **flight attendant** helps him find his seat. Fernando is next to a window and he watches the men and women driving carts with luggage. He fastened his seatbelt and watched the activity as the plane fills with people.*

*When the plane lands, he will see his son for the first time in many years. He listens to the **pilot** tell about the altitude and arrival time, watches another flight attendant pointed out the emergency exits and settled in for the trip of his life.*

Resumen

Un hombre mayor, Fernando, está saliendo de su pequeño pueblo para visitar a su hijo. Utiliza muchas formas de transporte para llegar a su destino, aprendiendo el camino con la ayuda de otros. Es su primer gran viaje y disfruta de la aventura de llegar al aeropuerto y está listo para el vuelo que lo llevará lejos de casa.

Summary

An older man, Fernando, is leaving his small town to visit his son. He uses many forms of transportation to arrive at his destination, learning the way with the help of others. It is his first big trip and he is enjoying the adventure of getting to the airport and is ready for the flight taking him far from home.

Vocabulary

Spanish	Pronunciation	English
ahora	ah-oh-ra	**now**
a la izquierda	ah-lah-is-ki-**er**-dah	**on the left**
alguna idea	al-**goo**-na ee-**deh**-a	**some ideas**

aquí tienes	ah-**kee** tee-eh-ness	here you go
arrastra	ah-**ras** -tra	drags
aerolínea	air-o-**leen**-ee ah	airline
asiento	ah-see-**in**-toh	seat
autobús de enlace	aw-toh-**boos** de en-**la**-say	shuttle bus
auxiliar de vuelo	ow-**zee**-lee-ar de **vway**-loh	flight attendant
caminando	ka-me-**nan**-doh	walking
camioneta	ka-mio-**neh**-tah	van
ciudad natal	seeu-**dad** nah-**tal**	home town/native city
deberías	deh-beh-**reeas**	you should
el próximo	el **prok**-see-moh	the next
encuentra	en-**kwen**-tra	finds
en minutos	en mee-**noo**-toss	in minutes
esperas	ess-**peh** - ras	wait(you)
está asombrado	es-**ta** ah-som-**bra**-doh	is amazed
estación	es-ta-**see-on**	station
fila	**fee**-lah	row
ha estado	ah es-ta-doh	has been
ingeniero	in-he-nee-**eh**-roh	engineer
la tarifa del tren	lah tah-**ri**-fah- dell tren	the train fare
le pide	leh **pee**-deh	asks
luego	**lweh**-goh	then
maleta	ma-leh-tah	suitcase
mantas de lana	**man**-tass de **la**-nah	wool blankets

me gustaría	me goos-tah-**reea**	i would like
mucha gente	**moo**-chah **hen**-teh	many people
mucho tiempo	**moo**-choh tee-em-poh	long time
multas de estacionamiento	**mool**-tas del ess-**tah**-seeo-nah-mee-en-toh	parking tickets
nunca	**noon**-ka	never
no va	noh bah	not go
para ir	**pah**-ra ear	to go
pasillo	pah-**see**-jo	aisle
perdóneme	per-**doh**-neh-meh	excuse me
piloto	pee-**loh**-toh	pilot
puerta de la aerolínea	**pwair**-tah de la air-o-**leen**-ee-ah	airline gate
revisa una bolsa	ray-**bee**-sah **oo**-nah **bowl**-sah	check a bag
tal vez	tal beth	maybe
tendrá	ten-**drah**	will have
tarjeta de embarque	tarh-**het**-a de em-**bar**-kay	boarding pass
se acercó	she ah-ser-**koh**	he approached
todos abordan	toh-dos- ah-**bor**-dan	everyone board
tomar el tren	toh-**mar** el tren	take the train
un boleto de avión	oon boh-**leh**-toh de ah-bee-on	a plane ticket
ventana	ben-**tah**-nah	window
ventanillas	ben-tah-**nee**-jass	windows

1. ¿Cuántos años tiene Fernando?

    a. 40 años de edad
    b. 60 años de edad
    c. 80 años de edad

2. ¿Cómo llega Fernando al pueblo más grande para tomar el autobús?

    a. para caminar
    b. Taxi
    c. recibe un aventón de un amigo

3. ¿Cómo llega Fernando al autobús después del viaje en tren?

    a. para caminar
    b. Taxi
    c. recibe un aventón de un amigo

Answers

    1. b
    2. c
    3. a

Chapter 13: El Árbol Genealógico de Paula/*Paula's Family Tree*

Parte 1

Paula: ¡Mamá! ¡Mamá! **Estoy en casa**.

Madre: ¿Qué son todos **estos gritos**? ¿Qué pasó?

Paula: **No pasó nada** todavía. Tengo un **proyecto escolar**. Tengo que hacer un **árbol genealógico**. Necesito **fotos** de todos en la familia. Es **emocionante**.

Paula quiere comenzar con una tabla y poner fotos al lado de todos en la familia. La madre de Paula **la ayuda** con su tabla porque es **más grande** de lo que Paula se dio cuenta.

******

*Paula: Mom! Mom! **I'm home**.*

*__Mother__: What are all **these screams**? What happened?*

*Paula: **Nothing happened** yet. I have a **school project**. I have to make a **family tree**. I need **photos** of everyone in the family. It's **exciting**.*

*Paula wants to start with a chart and put pictures next to everyone in the family. Paula's mother **helps her** with her chart because it is **bigger** than Paula realized.*

Parte 2

Madre: **Comenzaremos** conmigo y tu **padre**. Soy Elena Sánchez, y tu padre es Alfredo Díaz.

Madre: Mi madre es Catarina y mi padre es Pablo. Son tus **abuelos**. Tu abuela por parte de tu padre es Lorena, y tu abuelo es Mario. Son la madre y el padre de tu padre.

Paula está **interesada** en que el árbol ya se está ampliando.

Paula: ¿Dónde callen mi **hermano** y mis hermanas en el árbol?

******

*Mother: **We will start** with me and your **father**. I am Elena Sanchez, and your father is Alfredo Diaz.*

*Mother: My mother is Katarina, and my father is Pablo. They are your **grandparents**. Your grandmother on your father's side is Lorena, and your grandfather is Mario. They are your father's mother and father.*

*Paula is **interested** that the tree is already growing wide.*

Paula: Where do my brother and sister fit on the tree?

Parte 3

Madre: A ver. Tienes tres hermanas y un hermano. **Ellos irán** contigo debajo de mí y de tu padre. Tú **hermana mayor**, Alicia, **está casada** con su esposo Jaime. Jaime es tu cuñado. Tienen dos hijos, tu **sobrina**, Nía y tu **sobrino**, Ronaldo. Nía y Ronaldo son **nietos** para mí y tu padre.

Madre: Tengo tres hermanos. Ellos son tus **tíos**, Tío Luis, Tío Enrico y Tío Guillermo. Tu padre tiene una hermana, **Tía** Dina. Tus tíos están casados y sus esposas son tus tías. Tienen muchos hijos y son tus **primos**. Tenemos fotos de todos los que he mencionado hasta ahora. **Veamos** en el cuadro de fotografías para ver si podemos encontrarlas.

Paula **examinó** todas las fotos de la familia y pudo encontrar fotos de cada persona, incluso de todos sus primos.

******

*Mother: Let's see. You have three sisters and one brother. **They will go** with you under me and your father. Your **older sister**, Alicia, **is married** to her husband Jaime. Jaime is your brother-in-law. They* *have two children, your niece, Nia, and your nephew, Ronaldo. Nia and Ronaldo are grandchildren for me and your father.*

*Mother: I have three brothers. They are your uncles, Uncle Luis, Uncle Enrico, and Uncle Guillermo. Your father has a sister, Aunt Dina. Your uncles are married and their wives are your aunts. They have many children and they are your cousins. We have pictures of everyone I've mentioned so far. **Let's look** in the picture box to see if we can find them.*

*Paula **examined** all the family's photos and was able to find photos of each person, including all her cousins.*

Parte 4

Paula: Mamá, ¿quién es esta en la foto? **Parece muy vieja**.

Madre: Oh, **responde** su madre. Esos son mis abuelos, María Josefina y Rodolfo José Gonsalves. Son sus bisabuelos. Es una **fotografía** muy antigua.

Paula **puso** esa foto en la parte superior del lado del árbol de su madre.

Paula: Esas son todas las fotografías. Creo que es un buen proyecto y obtendré una **buena calificación**. También aprendí mucho sobre mi familia. Gracias a Dios, usted **sabe** quiénes son todos.

Después de completar la tarea, Paula llamó a sus primos para ver si podían venir a jugar este **fin de semana**. A Paula le gusta ver a su familia y cree que a ellos también les gusta verla.

******

*Paula: Mama, who is this in the picture? **Looks very old**.*

*Mother: Oh, his mother **replies**. Those are my grandparents, Maria Josefina and Rodolfo Jose Gonsalves. They are your great-grandparents. It is a very old **photograph**."*

*Paula **put** that picture at the top of her mother's side of the tree.*

*Paula: That is all of the photographs. I think it is a good project and I will get a **good grade**. I also learned a lot about my family. Thank goodness you **know** who everyone is.*

***After** completing the assignment, Paula called her cousins to see if they can come over to play this weekend. Paula likes to see her family and she thinks they like to see her too.*

Resumen

Una niña tiene tarea para hacer un gráfico de su familia. Encuentra fotos de todos en su familia, incluidos sus abuelos y sus primos, y hace la tabla. Su madre la ayuda y describe cómo todos están relacionados.

Summary

A girl has homework to make a chart of her family. She finds pictures of everyone in her family including her grandparents and her cousins and makes the chart. Her mother helps her and describes how everyone is related.

Vocabulary

Spanish	Pronunciation	English
abuelos	ah-**bway**-lohs	grandparents
árbol genealógico	**ar**-bowl he-neh-ah-**loh**-hee-koh	family tree
buena calificación	**bwe**-na kah-lee-fee-kah-see-**on**	good grade
comenzaremos	koh-men-ssa-reh-mos	we will start
después	des-poo-**es**	after
fin de semana	feen de la say-**mah**-nah	weekend
ellos irán	ejos ee-**ran**	they will go
emocionante	eh-moh-see-oh-**nan**-teh	exciting

está casada	es-**ta** ka-**ssa**- dah	**is married**
estos gritos	es-toss **gree**-tohs	**these screams**
estoy en casa	es-**toy** en **kah**-sah	**i'm home**
examinó	ek-ssa-mee-**noh**	**examined**
fotografía	foh-toh-gra-**fee**-ah	**photograph**
fotos	**foh**-tohs	**photos**
hermana	air-**mah**-nah	**sister**
hermana mayor	er-mah-nah ma-jor	**older sister**
interesada	een-the-re-**ssah**-da	**interested**
la ayuda	la ah-**ju** - dah	**helps her**
madre	**mah**-dray	**mother**
más grande	**mass gran**-deh	**bigger**
nietos	nee-**eh**-tohs	**grandchildren**
no pasó nada	noh pa-**ssoh** -nah-dah	**nothing happened**
padre	**pah**-dray	**father**
parece muy vieja	pa-**reh**-she **mwee** bee-**eh**-ha	**looks very old**
primos	**pree**-mohs	**cousins**
proyecto escolar	proh-**jek**-toh ess-koh-**lar**	**school project**
puso	**poo**-soh	**put**
responde	res-**pon**-deh	**replies**
sabe	**ssa**-beh	**know**
sobrina	so-**bree**-nah	**niece**
sobrino	so-**bree**-noh	**nephew**
tía	**tee**-ah	**aunt**
tío	**tee**-oh	**uncle**
veamos	**beh**-ah-mos	**let's look**

Questions about the story

1. ¿Cuántos hermanos tiene Paula?

   a. 3
   b. 4
   c. 1

2. ¿Quién es el cuñado de Paula?

   a. Enrico
   b. Nía
   c. Jaime

3. ¿De quién es la imagen de Paula que es muy antigua?

   a. la madre de su padre
   b. los abuelos de su madre
   b. su tío

Answers

   1. c
   2. c
   3. b

Chapter 14: Ayudando a la Abuela los Sábados/*Helping Grandma on Saturdays*

Parte 1

Es sábado por la mañana y Miguel y Esteban **van** a la casa de su abuela para **ayudarla** a limpiar. Hacen esto todas las **semanas** y les encanta. Cuando llegan a la casa de la abuela el sábado, ella está esperando en su computadora.

Abuela: **Quiero** enviar un **correo electrónico** a tu Tío Alfonso. Creo que me envió uno a principios de esta semana, pero **no puedo entender** cómo leerlo.

Esteban: **Te ayudaré** con eso. Miguel va a buscar el correo y vamos a **pagar** sus **facturas**. Creo que las facturas de agua y **electricidad** vencen esta semana.

Esteban encuentra el correo electrónico de su Tío Alfonso. Miguel trae el correo con todas las facturas para esta semana. **Pagan** las facturas per el internet y la abuela está feliz que todo se pueda hacer **rápidamente**.

Abuela: **No creo** que rápido se puede hacer todo. Alfonso **me respondió** antes de desconectarnos de la computadora.

Miguel: Él **probablemente** estaba esperando que respondieras. Probablemente debes **llamarte**.

******

*It's Saturday morning and Miguel and Esteban **go** to their grandmother's house to **help her** clean up. They do this every **week** and they love it. When they arrive at Grandma's house on Saturday, she is waiting at her computer.*

*Grandmother: **I want** to send an **email** to your Uncle Alfonso. I think he sent me one earlier this week, but **I can't understand** how to read it.*

*Esteban: **I will help you** with that. Miguel will find his email and we will **pay** his **bills**. I think the water and **electricity** bills are due this week.*

*Esteban finds his Uncle Alfonso's email. Miguel brings the mail with all the bills for the week. **They pay** the bills online and the grandmother is happy that everything can be done **quickly**.*

*Grandma: **I can't believe** how fast everything can be done. Alfonso **answered me** before disconnecting from the computer.*

*Miguel: He was **probably** waiting for you to answer. He should just **call you**.*

Parte 2

Los tres fueron a la cocina para ver qué hay que limpiar esta semana. La abuela **mantiene** una **lista** en el refrigerador.

Miguel: Esteban, yo hice las cosas afuera la **última vez**. Deberías **cortar el césped**, y te ayudaré a **arrancar** las malezas después de que termine de pasar la **aspiradora** y **desempolvar**.

Abuela: Está bien. Antes de comenzar, ¿**descargarán** los dos el **lavaplatos**? Pongan los platos en el mostrador y **los guardaré**. Mi espalda me estaba molestando y solo necesito los platos porque no puedo doblarme".

Hermanos: Sí, Abuela.

Vacían el lavavajillas y comienzan a hacer **los quehaceres**.

Esteban usa el **cortacésped** para cortar el césped. Miguel usa un paño y lustrador de madera en los muebles y desempolva los marcos y las chucherías de la casa. Aspira **los pisos** de la sala y el comedor y se une a Estaban afuera para limpiar las flores de las malas hierbas. Traen algunas de las mejores flores para que la abuela las ponga en un jarrón. Las flores siempre se ven bien en la mesa del comedor.

Cuando **los chicos** entran, la abuela ha hecho el **almuerzo**. Se sientan a comer y se preparan para la sesión de limpieza de la tarde.

******

*The three went to the kitchen to see what needs to be cleaned this week. Grandma **keeps** a **list** on the refrigerator.*

*Miguel: Esteban, I did the outside stuff **last time**. You should **cut the grass**, and I will help you **pull** weeds after I finish **vacuuming** and **dusting**.*

*Grandma: Okay. Before you start, will both of you **unload** the **dishwasher**? Put the dishes on the counter and **I will put them** away. My back was bothering me and I just need the dishes out because I can't bend over.*

Brothers: Yes, grandma.

*They empty the dishwasher and start doing **chores**.*

*Esteban uses the lawnmower to cut the grass. Miguel uses a cloth and wood polish on the furniture and dusts the picture frames and knickknacks around the house. He vacuums the living room and dining room **floors** and joins Esteban outside to clear the flower beds of weeds. They bring some of the best flowers inside for Grandma to put in a vase. The flowers always look nice on the dining room table.*

*When **the boys** go inside Grandma has made **lunch**. They sit down to eat and get ready for the afternoon session of cleaning.*

Parte 3

Después del almuerzo, Miguel y Esteban limpian **los platos**. Su abuela limpió las encimeras y **las puertas** del **armario**. Los muchachos limpiaron la estufa, que no estaba muy sucia porque la limpiaban la mayoría de las semanas. Luego barrieron el piso y lo trapearon.

La abuela se tomó un tiempo para descansar mientras los niños completaban la lista de cosas para limpiar. Quitaron la **ropa de las camas** y cambiaron las sábanas.

Miguel llevó las sábanas a la **lavadora** y las lavó mientras Esteban limpiaba el inodoro y **el lavabo** del baño.

El baño no estaba en la lista de su abuela, pero como estaban limpiando y la abuela descansa, deciden fregar la ducha también.

******

*After lunch, Miguel and Esteban clean **the dishes**. Their grandmother wiped down the counters and the **cabinet doors**. The boys cleaned the stove, which wasn't very dirty because they clean it most weeks. Then they swept the floor and mopped it.*

*Grandma took the time to rest while the boys completed the list of things to clean. They removed the **linens from the beds** and changed the sheets.*

*Miguel took the linens to the **washing machine** and washed them while Esteban cleaned the toilet and **the sink** in the bathroom.*

***The bathroom** wasn't on their grandmother's list, but since they were cleaning and Grandma is resting, they decide to scrub the shower as well.*

Parte 4

Después de muchas horas de trabajo, la casa de la abuela está limpia y reluciente. Aunque la cocina ha sido fregada, es hora de que la abuela cocine la **cena**. Ella necesita un poco de ayuda para **preparar** todo para la cena y el postre

Los tres hacen la cena. Con Esteban y Miguel ayudando a su abuela, parece que se usa cada olla y sartén en la cocina. Pronto, llaman a la puerta y entran la madre y el padre de Miguel y Esteban.

Madre: ¡Ay, muchachos! La casa se ve **muy bonita**. Y los olores de la cocina son maravillosos ".

Esteban: Gracias mamá. **Trabajamos** muy duro todo el día.

Miguel: También ayudamos con la cena.

Abuela: Estos muchachos son de gran ayuda para mí. Me encanta pasar el día con ellos.

Todos se sentaron a cenar y disfrutaron de toda la comida. Hubo cumplidos para Miguel, Esteban y la abuela.

Esteban: Sí, la comida es buena. Pero la cocina parece un desastre. Ahora tenemos que limpiarlo nuevamente. Ya lo hemos limpiado una vez hoy.

Madre: No se preocupen, muchachos, descansen. Ve a ver el partido con tu padre. Ayudaré a tu abuela a limpiar la cocina. De hecho, ella solo puede supervisar. Yo haré la limpieza.

Padre: Esa es una buena idea. Avísame si necesitas ayuda. Los niños estarán encantados de ayudarte. Ya saben lo que hay que hacer.

******

*After many hours of work, Grandma's house is clean and sparkling. Even though the kitchen has been scrubbed it is time for Grandma to cook **dinner**. She needs a little help to get everything done for dinner and dessert.*

*The three of them **prepare** dinner. With Esteban and Miguel helping their grandmother, it seems that every pot and pan in the kitchen is used. Soon, there is a knock at the door and Esteban and Miguel's mother and father come in.*

*Madre: Wow, boys! The house looks **very nice**. And the smells from the kitchen are wonderful.*

*Esteban: Thanks, Mom. **We worked** very hard all day.*

Miguel: We helped with dinner, too.

Grandma: These boys are a great help to me. I love spending the day with them.

Everyone sat down to eat dinner and enjoyed all the food. There were compliments for Miguel, Esteban, and Grandma.

Esteban: Yes, the meal is good. But the kitchen looks a mess. Now we have to clean it again. We have already cleaned it once today.

Madre: Don't worry, you boys rest. Go watch the game with your father. I will help your grandmother clean the kitchen. In fact, she can just supervise. I'll do the cleaning.

Father: That's a good idea. Let me know if you need any help. The boys will be happy to help you out. They already know what needs to be done.

Resumen

Los sábados, dos hermanos van a la casa de su abuela para ayudarla con sus tareas. Trabajan en el patio y dentro de la casa. Limpian cosas que la abuela no puede alcanzar y son difíciles para ella. Después de terminar con las tareas, preparan la cena y los padres del niño vienen a comer.

Summary

On Saturdays, two brothers go to their grandmother's house to help her with her chores. They work in the yard and inside the house. They clean things the grandmother cannot reach and are difficult for her to do. After they finish with the chores, they make dinner and the boy's parents come over to eat.

Vocabulary

Spanish	Pronunciation	English
almuerzo	al-**mwer**-so	**lunch**
armario	ahr-**mah**-reeo	**cabinet**
arrancar	ah-ran-**car**	**pull**
ayudarla	ah-joo-**dar**-lah	**help her**

aspiradora	ass-pee-ra-doh-ra	vacuuming (vacuum cleaner)
cama	**cah**-mah	**bed**
cena	**say**-nah	**dinner**
correo electrónico	koh-**reh**-oh elek-**tro**-nee-koh	**email**
cortacésped	kor-ta-**says**-ped	**lawnmower**
cortar el césped	kor-**tar** el **says**-ped	**mow the lawn**
descargarán	des-car-gah-**ran**	**unload**
desempolvar	de-ssem-pol-**bar**	**dusting (dust off)**
electricidad	elek-tree-see-**dad**	**electricity**
el baño	el baneeo (sound not present in english)	**the bathroom**
el lavabo	el lah-**ba**-doh	**the sink**
facturas	fac-**too**-ras	**bills**
lista	**lees**-tah	list
llamarte	ja-**mar**-teh	**call you**
lavadora	lah-vah-**door**-ah	**washing machine**
lavavajillas	lah-vah-vah-**hee**-yas	**dishwasher**
las puertas	las poo-**er**-tas	**the doors**
los chicos	los **chee**-kos	**the boys**
los guardaré	los goo-ar-dah-**reh**	**i will put them**
los quehaceres	los keh-ah-**seh**-res	**(the) chores**
los platos	los **pla**-tos	**the dishes**
los pisos	los **pee**-sos	**(the) floors**
mantiene	man-**tee**-eh-neh	**keeps**

me respondió	meh res-pond-dee-**oh**	answered me
muy bonita	mooee boh-**nee**-tah	**very nice**
no creo	noh **creh**-oh	**i can't believe**
no puedo entender	noh poo-eh-doh en-ten-**der**	**i can't understand**
quiero (yo)	**kee**-eh-roh (jo)	**i want**
pagan	**pah**-gan	**they pay**
pagar	pah-**gar**	**pay**
polvo	**pole**-voh	**dust**
probablemente	pro-bah-bleh-**men**-teh	**probably**
rápidamente	ra-pee-dah-**men**-teh	**quickly**
ropa de cama	**roh-pah** de **cah-mah**	**linens**
semanas	she-**ma**-nas	**week(s)**
te ayudaré	the ah-joo-dah-**reh**	**i will help you**
trabajamos	tra-bah-**ha**-mos	**we work(ed)**
última vez	**ool**-tee-ma bess	**last time**
van	ban	**go(they)**

Questions about the story

1. ¿Quién corta el césped?

    a. Abuela
    b. Enrique
    c. Miguel

2. ¿Quién limpia los platos después del almuerzo?

    a. los chicos
    b. la madre
    c. el padre

3. ¿Quién ayuda a limpiar después de la cena?

a. los chicos
b. la madre
c. el padre

<u>Answers</u>

1. b
2. a
3. b

Chapter 15: ¡Policía! Alguien Robó mi Cartera/*Police! Someone Stole My Wallet*

Parte 1

Juan Pablo **caminaba** por el centro de la ciudad mirando los escaparates. Se encuentra a su **novia** para almorzar en una hora. Como llegó un poco temprano, decidió hacer algunas compras en la ventana.

Juan Pablo **estaba mirando** la tienda de deportes cuando de repente alguien se topa con él. Como no es ajeno a la ciudad, revisa **su bolsillo** e inmediatamente, Juan Pablo se da cuenta de que le faltaba la **billetera**.

Juan Pablo: ¡Detener! Él le grita al hombre. ¡Ese hombre me **robó** la billetera! Luego **comienza** a correr después del hombre que tomó su billetera.

******

*Juan Pablo **was walking** in the downtown area gazing in the store windows. He is meeting his **girlfriend** for lunch in an hour. Since he is a bit early, he decided to do some window-shopping.*

*Juan Pablo **was looking** at the display at a sports store when suddenly someone bumps into him. Because he is no stranger to the city, he checks **his pocket** and immediately, Juan Pablo realizes his **wallet** was missing.*

*Juan Pablo: Stop! He yells at the man. That man **stole** my wallet! Then, **he starts** to run after the man who took his wallet.*

Parte 2

El **ladrón** también comenzó a correr. Juan Pablo no estaba **en forma** para correr. No sabía por qué estaba **persiguiendo** a un ladrón. Todo en su billetera podría ser reemplazado. El ladrón no recibió su **teléfono celular**. Eso tiene las cosas que realmente necesita, como su tarjeta de **identificación** y su **tarjeta de débito**. Es el principio del asunto. Nadie le roba a Juan Pablo.

Mientras Juan Pablo **persigue**, ve a un **oficial de policía** doblando la esquina. El oficial de policía nota que el ladrón está corriendo y le indica que se detenga. Justo entonces, oye gritar a Juan Pablo: "¡Policía! Ese hombre me robó la billetera".

******

*The **thief** started running as well. Juan Pablo was not **in shape** to run. He didn't know why he was **chasing** a thief. Everything in his wallet could be replaced. The thief didn't get his **cellular phone**. That has the things he really needs like his **identification** card and his **debit card**. It is the principle of the matter. No one steals from Juan Pablo.*

*As Juan Pablo is **chasing** the thief he sees a **police officer** turning the corner. The police officer notices the thief running and motions for him to stop. Just then, he hears Juan Pablo yell, "Police! That man stole my wallet."*

Parte 3

El oficial de policía pudo **detener** al ladrón de inmediato. Le puso **las esposas** al hombre y llamó a su compañero para que le trajera el auto. Mientras esperaban, el oficial de policía le preguntó al hombre por qué estaba **corriendo**.

El hombre estaba sin **aliento**.

Ladrón: Ese hombre me estaba persiguiendo. No sé por qué. Solo estoy **tratando** de ir a trabajar.

El oficial de policía **palmeó** al hombre y encontró varios bolsillos dentro de **la chaqueta**. Muchos de los bolsillos tenían billeteras. Había 6 billeteras en total. Todos son de **personas diferentes**.

******

*The police officer was able **to stop** the thief right away. He put **handcuffs** on the man and called his partner to bring the car. While* *they were waiting, the police officer asks the man why he was* **running**.

The man was out of **breath**.

Thief: That man was chasing me. I don't know why. I am just **trying** *to get to work.*

The police officer **patted** *the man down and found several pockets inside* **the jacket**. *Many of the pockets had wallets in them. There are 6 wallets total. They are all from* **different people**.

Parte 4

Ladrón: Son las billeteras de mis primos. Los dejaron en una fiesta familiar. Los llevaré de regreso.

El oficial de policía **abrió** una de las billeteras.

Policía: Entonces, ¿cómo se llama tu primo?

Ladrón: Hay tantos. ¿Cómo voy a saber quién tiene la billetera?

Policía: Solo dame un nombre. Encontraré la billetera correcta. ¿Este hombre que te está **persiguiendo** es su primo? Tengo su billetera aquí. ¿Cómo se llama?"

El ladrón no pudo responder. El ladrón fue puesto en el auto para ir a la **estación de policía**. Con el drama terminado, el oficial de policía se volvió hacia Juan Pablo para decirle que no persiga ladrones en el futuro.

Policía: Señor. No es una buena idea perseguir ladrones en la calle. **Es peligroso**.

Juan Pablo: Lo sé. Es solo que voy encontrar a mi novia para elegir un **anillo** de compromiso. Mi tarjeta de crédito está en mi billetera. No quiero **decepcionarla**.

Policía: **Entiendo**. Pero ella estaría más decepcionada si te lastimas.

Juan Pable: **Tienes razón**. Y ahora llego tarde. Y la compra del anillo esperará otro día. Debo reemplazar mi tarjeta de crédito.

Policía: No veo una identificación en esta billetera. ¿Puedes probar que esta es tu billetera?

Juan Pablo: Sí. Tengo mi identificación aquí. **Usualmente** no llevo mi billetera. Fue solo una ocasión especial.

Juan Pablo entregó el oficial de policía su identificación y lo verifique con las tarjetas de crédito en la billetera.

Policía: ¿Qué tarjeta de crédito necesitas? Hay tantas otras billeteras aquí, te daré la tarjeta y puedes ir a comprar tu anillo después de contestar algunas preguntas si tenemos **información de contacto**.

Juan Pablo le dio a un oficial de policía toda la información para poder contactarlo **más tarde** si es necesario. Luego regresó a la tienda donde se encontraría con su novia.

Llegó unos minutos tarde, pero cuando le contó lo que pasó, ella lo perdonó. Ambos acordaron que será una gran historia contarles a sus hijos algún día.

******

Thief: They are my cousins' wallets. They left them at a family party. I will take them back.

*The police officer **opened** one of the wallets.*

Police: So what is your cousin's name?

Thief: There are so many. How will I know whose wallet you have?

*Police: Just give me a name. I will find the right wallet. Is the man **chasing you** your cousin? Because I have his wallet here. What is his name?*

The thief could not answer. The thief was put in the car to go to the **police station***. With the drama over, the police officer turned to Juan Pablo to tell him not to pursue thieves in the future.*

Police: Sir. It is not a good idea to chase thieves in the street. **It is dangerous***.*

Juan Pablo: I know. It's just that I'm meeting my girlfriend to choose an engagement **ring***. My credit card is in my wallet. I don't want* **to disappoint her***.*

Police: **I understand***. But she would be more disappointed if you hurt yourself.*

Juan Pablo: **You're right***. And now I'm late. And the purchase of the ring will wait another day. I must replace my credit card.*
n
Police: I don't see an ID in this wallet. Can you prove that this is your wallet?

Juan Pablo: Yes. I have my ID here. I **usually** *don't carry my wallet. It was just a special occasion.*

Juan Pablo handed the police officer his ID and it was verified with the credit cards in his wallet.

Police: What credit card do you need? There are so many other wallets here, I will give you the card and you can go buy your ring after answering some questions if we have **contact information***.*

Juan Pablo gave a police officer all the information to be able to contact him **later** *if necessary. Then he returned to the store where he would meet his girlfriend.*

He was a few minutes late, but when he told her what happened, she forgave him. Both agreed that it will be a great story to tell their children one day.

Resumen

Un hombre camina para encontrarse con su novia en la **joyería** para que puedan elegir un anillo de compromiso. El hombre está paseando y mirando los escaparates cuando alguien se topa con él y le quita la billetera. Después de perseguir al ladrón y atraparlo, la policía arresta al hombre y le permite sacar su tarjeta de crédito de su billetera y encontrarse con su novia para comprar el anillo.

Summary

*A man is walking to meet his girlfriend at the **jewelry store** so they can pick out an engagement ring. The man is strolling and looking at window displays when someone bumps into him and takes his wallet. After chasing the thief and catching him, the police arrest the man and allow the man to get his credit card from his wallet and meet his girlfriend to buy the ring.*

Vocabulary

Spanish	Pronunciation	English
abrió	ah-bree-**oh**	**opened**
aliento	ah-**lyen**-toh	**breath**
anillo	ah-**nee**-yoh	**ring**
billetera	bee-yet-**eh**-rah	**wallet**
caminaba	ka-mee-**nah**-ba	**was walking**
comienza	koh-mee-**en**-ssa	**he starts**
corriendo	koh-ree-**en**-doh	**running**
decepcionarla	de-ssep-see-oh-**nar**-da	**to disappoint her**
detener	deh-teh-**ner**	**to stop (arrest)**
en forma	en **for**-mah	**in shape**
entiendo	en-tee-**en**-doh	**i understand**
es peligroso	en peh-**lee**-groh	**it is dangerous**
esposas	es-**spoh**-sahs	**handcuffs**
estaba mirando	es-**tah**-bah mee-**ran**-do	**was looking**

estación de policía	es-tah-see-**on** de poh-lee-**seeah**	police station
identificación	eye-dent-ee-fee-cah-cee-**on**	identification
información de contacto	een-for-mah-see-**on** de kon-**tak**-to	contact information
joyería	hoy-eh-**ree**-ah	jewelry store
la chaqueta	la cha-**ke**-tah	the jacket
ladrón	la-**drone**	thief
más tarde	mass **tar**-deh	later
novia	no-**bee**-ya	girlfriend
oficial de policía	o-fee-see-**al** de poh-lee-**see**-ah	police officer
palmeó	pal-meh-**oh**	patted
persiguiendo	per-see-gui-**en**-do	chasing you
personas diferentes	per-**soh**-nas dee-feh-**ren**-tes	different people
para perseguir	**par**-rah per-say-**gear**	to chase
robar	**roh-bar**	to steal
su bolsillo	soo bol-**see**-joh	his pocket
tarjeta de débito	tar-**heh**-tah de de-**bee**-toh	debit card
tienes razón	**tee**-eh-ness ra-**sson**	you're right
teléfono celular	te-**le**-foh-noh se-loo-**lar**	cellular phone
tratando	tra-**tan**-doh	trying
usualmente	oo-soo-al-**men**-teh	usually

Questions about the story

1. ¿Por qué Juan Paul tiene tarjeta de crédito con él?

a. comprar un anillo de compromiso
b. para pagar la cena
c. pagar la factura de la luz

2. ¿De quién son las billeteras de acuerdo al ladrón?

a. su hermano
b. su jefe
c. su primo

3. ¿Según el ladrón, por qué estaba corriendo?

a. él solo robó una billetera
b. él está haciendo ejercicio
c. llega tarde al trabajo

<u>Answers</u>

1. a
2. c
3. c

Chapter 16: ¿Dónde están Los Monos? / *Where are the Monkeys?*

Parte 1

Manuel y María llevan a sus hijos al **zoológico. Las temperaturas** son perfectas para que **los animales** estén afuera. El zoológico es grande. Comienzan en un lado e intentarán llegar al otro lado al final del día.

Cuando llegan al zoológico, comienzan con los animales de granja. Ven **vacas, caballos** y **gallinas**. Hay un cabro y un cerdo. Los hijos pueden **ordeñar una vaca**.

María: ¿**Te divertiste** y ordeñaste a la vaca?

Renata: Por supuesto.

Gilberto: Estuvo bien. ¿Cuándo veremos a los **monos**? Me gustan los monos.

María: No lo sé. Tal vez encontremos un mapa. Entonces podremos encontrar a los monos.

Gilberto parecía un poco triste, pero no dijo más.

******

Manuel and Maria take their kids to the **zoo. The temperatures** *are perfect so* **the animals** *will be outside. The zoo is large. They start at one side and will try to make it to the other side by the end of the day.*

When they get to the zoo, they start with the farm animals. They see **cows** *and* **horses** *and* **chickens**. *There is a goat and a pig. Their children* **milk a cow**.

Maria: **Did you have** *fun and milking the cow?*

Renata: Of course.

*Gilberto: It was okay. When will we see the **monkeys**? I like monkeys.*

Maria: I don't know. Maybe we will find a map. Then we will be able to find the monkeys.

Gilberto looked a little sad but he did not say more.

Parte 2

La familia caminó más lejos y vio **cebras**, **burros** y algo llamado **ónix**.

Manuel: El ónix parece un **ciervo**.

Renate: Sí, pero tiene **cuernos** en lugar de astas.

Gilberto: **Claro. ¿Podemos ir** a ver a los monos ahora?

María: Encontré **un mapa. Vamos a ver** si podemos encontrar la casa de los monos.

******

*The family walked further and saw **zebras**, **donkeys**, and something called an **oryx**.*

*Manuel: The oryx looks like a **deer**.*

*Renate: Yes, but it has **horns** instead of antlers.*

*Gilberto: **Sure. Can we go** see the monkeys now?*

*Maria: I found **a map. Let's see** if we can find the monkey house.*

Parte 3

Estudian el mapa y se dan cuenta de que la casa de los monos está **al otro lado** del zoológico. Como el zoológico es grande, decidieron elegir un exhibir para que cada persona los vea. Si queda tiempo, subirán al **carrusel** del zoológico.

143

Renata: Quiero ver **pingüinos**. Escuché que parece que llevan esmoquin.

Manuel: Me gustaría ver **leones** y **tigres**. El león es el rey de **la selva** y los tigres son muy rápidos y **feroces**.

María: Quiero ver a los **elefantes**. Y creo que las **jirafas** están en la **misma zona**. "Vamos a ver a los monos primero. Están más lejos y podemos ver otras cosas en el camino de regreso al auto.

Fueron a ver a los monos que hicieron feliz a Gilberto. Los monos jugaban y se balanceaban en **los árboles**.

******

*They study the map and realize the monkey house is **on the other side** of the zoo. Since the zoo is large, they decided to pick an exhibit for each person to see. If there is time left over they will take a ride on the **carousel** the zoo.*

*Renata: I want to see **penguins**. I hear they look like they are wearing tuxedos.*

*Manuel: I would like to see the **lions** and **tigers**. The lion is the king of **the jungle** and the tigers are very fast and **fierce**.*

*Maria: I want to see the **elephants**. And I think the **giraffes** are in the **same area**. Let's go see the monkeys first. They are farthest away and we can see other things on the way back to the car.*

*They went to see the monkeys which made Gilberto happy. The monkeys were playing and swinging in **the trees**.*

Parte 4

Vieron elefantes, jirafas, pingüinos e incluso **serpientes**. Les quedaba mucho tiempo para ver cómo juegan las focas en una gran piscina. Comieron helado y fueron en un carrusel.

Gilberto: **Me alegro** de **haber visto** a los monos, pero creo que me gustan más los pingüinos. **Se ven divertidos** con sus esmóquines.

Los animales del carrusel tenían la forma de diferentes animales en el zoológico. Gilberto **montó** en un pingüino, Manuel se sentó en un león, María eligió la jirafa y Renata montó un mono.

Había tantos otros animales para ver en el zoológico que decidieron regresar otro fin de semana para ver a los animales que extrañaron ese día.

******

They saw the elephants and giraffes and the penguins and even snakes. They had plenty of time left so they watch the seals play in a big pool. They ate ice cream and went on a carousel ride.

*Gilberto: **I'm glad I saw** the monkeys, but I think I like the penguins better. **They look funny** in their tuxedos.*

*The carousel animals were all shaped like different animals in the zoo. Gilberto **rode** on a penguin, Manuel sat on a lion, Maria chose the giraffe and Renata rode a monkey.*

There were so many other animals to see at the zoo, they decided to go back another weekend to see the animals they missed this day.

Resumen

Una familia con niños va al zoológico. Cada uno quiere ver diferentes animales, por lo que pasan el día caminando por el zoológico y viendo a sus favoritos y a otros también. Vean los lugares de interés, suban al carrusel y decidan que irán otro día para ver lo que no pudieron ver en un día.

Summary

A family with children goes to the zoo. They each want to see different animals so they spend the day walking around the zoo and seeing their favorites and others as well. They see the sights, ride the carousel and decide they will go another day to see what they were not able to see in one day.

Vocabulary

Spanish	Pronunciation	English
al otro lado	al **oh**-tro **la**-doh	**on the other side**
burros	**boo**-rohs	**donkeys**
ciervo	see-**er**-bo	**deer**
caballos	ka-**ba**-jos	**horses**
carrusel	kay-roo-**sell**	**carousel**
cebra	**say**-brah	**zebra**
claro	**cla**-roh	**sure**
cuernos	**kwer**-nos	**horns**
elefante	eh-leh-**fant**-eh	**elephant**
feroces	feh-**roh**-ses	**fierce**
gallinas	ga-**jee**-nas	**chickens**
haber visto	ah-**behr bees**-toh	**i saw(have seen)**
jirafas	hee-**rah**-fa	**giraffes**
la selva	la **sell**-ba	**the jungle**
las temperaturas	las tem-peh-rah-**too**-ras	**the temperatures**
leones	leh-**oh**-nehs	**lions**
los animales	los ah-nee-**ma**-lehs	**the animals**
los árboles	los **ar**-boh-lehs	**the trees**

misma zona	**meess**-ma **sso**-na	same area
me alegro	meh ah-**leh**-gro	i'm glad
mono	**moh**-noh	monkey
montó	mon-**toh**	rode
ordeñar una vaca	or-den-**yar oo**-nah **ba**-kah	milk a cow
ónix	**oh**-riks	oryx
pingüino	peen-**gween**-oh	penguin
¿podemos ir...?	poh-**deh**-mos eer	can we go...?
serpiente	ser-pee-**int**-eh	snake
¿te divertiste?	the dee-ber-**tees**-teh	did you have funny?
tigres	**tee**-grehs	tigers
se ven divertidos	she ben dee-ber-**tee**-dos	they look funny
un mapa	oon **ma**-pa	a map
vaca	**ba**-kah	cow
vamos a ver	**bah**-mos ah ber	let's see
zoológico	sso-o-loh-**hee**-ko	zoo

Questions about the story

1. ¿Qué animal quiere ver Manuel?

   a. león
   b. mono
   c. vaca

2. ¿Cuál era el animal favorito de Gilberto?

a. mono
b. cebra
c. pingüino

3. ¿Cómo descubrieron dónde ver a los monos?

a. preguntó un trabajado
b. caminé alrededor
c. un mapa

Answers

1. a
2. c
3. c

Chapter 17: Vamos al Parque, la Vista de un Perro/*Let's Go to The Park, A Dog's View*

Parte 1

Chuleta, **la perra**, siempre ha vivido en la ciudad. Ella ha vivido en diferentes apartamentos. A ella **le gusta** vivir en el primer piso porque pasan diferentes **olores** por la puerta del **apartamento** todo el día. Ella está sola en casa, se entretiene con las cosas que pasan por la puerta. Cuando su madre llega a casa, le gusta que la lleva al parque.

El paseo hasta el parque es casi tan bueno como el parque. Hay otros perros para saludar mientras se encuentran en la calle. **Algunos** de los perros y gatos están dentro de sus **hogares**, mirando desde las ventanas. Y hay tiendas y restaurantes en el camino.

******

*Chuleta, **the dog**, has always lived in the city. She has lived in different apartments. **She likes** to live on the first floor because different **smells** pass by the door to the **apartment** all day. She is home by herself, she is entertained by the things passing by the door. When her mom gets home, she likes to be taken to the park.*

*The **walk** to the park is almost as good as the park itself. There are other dogs to greet as they meet on the street. **Some** of the dogs and cats are inside their **homes**, watching from windows. And there are shops and restaurants along the way.*

Parte 2

Cuando llegamos al parque, **mi madre** se sienta en el banco y yo me siento con ella. Tan pronto **como su amiga** viene con mi amiga Grace, las dos mamás hablan y Grace y yo nos vamos solos. Siempre hay muchas cosas que ver y **oler** cuando paseamos. La hierba es verde la mayoría de los meses. Pero cuando hay mucho frío hay nieve. La nieve está bien, pero mis pies se enfrían.

A Grace **le interesan** las **ardillas**. No estoy **interesado**. Son demasiado **rápidos** y siempre **suben** por los árboles. Y nos chillan detrás de los arbustos. Esa no es mi idea de diversión. Me gusta ver lo que puedo conseguir correr desde abajo de los arbustos. He asustado a muchos gatos, un ratón aquí y allá, y una vez que desperté un **conejo** tratando de tomar una siesta.

******

*When we get to the park **my mom** sits on the bench and I sit with her. As soon **as her friend** comes with my friend Grace, the two moms talk and Grace and I wander off by ourselves. There are always lots of things to see and **smell** when we wander. The grass is green for most months. But when it's very cold there is snow. Snow is fine, but my feet get cold.*

*Grace **is interested** in **squirrels**. I am not **interested**. They are too **fast** and always **run up** the trees. And they squeak at us from the bushes. That is not my idea of fun. I like to see what I can get to run out from under the bushes. I have scared many cats, a mouse here and there, and once I woke up a **rabbit** trying to take a nap.*

Parte 3

La **mejor parte** del parque es jugar a la pelota. **Intentamos** jugar al Frisbee, pero el disco volador **me golpeó** en la cara. Entonces nos quedamos con la **pelota**. Mi madre y la madre de Grace tienen pelotas y **las arrojan** lejos. Le devuelvo la pelota a mi madre, pero Grace **se distrae**, así que voy a buscar su pelota y se la llevo a su madre.

Para Grace, un pájaro es mucho más interesante que una pelota. En el parque, hay muchos petirrojos y algunos **cuervos**. Se sientan en los árboles y vuelan de rama en rama. Grace no puede simplemente sentarse y mirarlos. Ella trata de saltar y atraparlos, pero ningún perro puede saltar tan alto.

******

*The **best part** of the park is playing **ball**. **We tried** to play Frisbee but the flying disc kept **hitting me** in the face. So, we stick with the ball. My mom and Grace's mom both have balls and **throw them** far. I take my ball back to my mom but Grace **gets distracted** and so I go get her ball and take it back to her mom.*

Parte 4

En el camino de regreso al apartamento, nos detenemos en una pequeña tienda donde mi madre compra la cena para ella. Nos detuvimos aquí cuando está de humor para una **ensalada aburrida**. Tengo comida en la casa. Ella ata mi correa a un parquímetro afuera de la tienda y yo me siento y espero a que salga.

Mientras estoy sentado, la gente se detiene y dice lo linda que soy y me da palmaditas en la cabeza. Hay un tazón de **agua** para perros sentado al lado del parquímetro. Tomo un trago cuando tengo sed. El dueño de la tienda aprecia perros lindos como yo.

Mi mamá **sale** con **su lechuga** y verduras. Ella desata mi correa y seguimos caminando. Estamos caminando a un **ritmo rápido**. **Esto sucede** cuando mi mamá come mucha ensalada. Por lo general, **ocurre** durante algunas semanas después de que la escucho gritar desde el dormitorio sobre no poder **abrocharse** un par de pantalones. Está bien conmigo. **Tengo hambre** y **una vez** más a casa para cenar.

Nuestros paseos por el parque son lo más destacado de mi día. Me gusta ver a Grace y las ardillas. **Cuando oscurece** y vamos al **parque**, puedo oler **mapaches** y **zarigüeya**. Pero me gusta más el olor de mi casa.

******

*__On the way__ back to the apartment, we stop at a little store where my mom buys dinner for herself. We stopped here when she is in the mood for a **boring salad**. I have food at the house. She ties my leash to a parking meter outside the store and I sit and wait for her to come out.*

*While I am sitting people stop and say how cute I am and pat me on the head. There is a **water** bowl for dogs sitting next to the parking* *meter. I take a drink when I get thirsty. The owner of the store appreciates cute dogs like myself.*

*My mom **comes** out with **her lettuce** and vegetables. She unties my leash and we continue walking. We are walking at a **fast pace**. **This happens** when my mom eats a lot of salad. It usually **occurs** for a few weeks after I hear her shouting from the bedroom about not being able **to button** a pair of pants. It's okay with me. **I'm hungry** and **once** again home for dinner.*

*Our walks to the park are the highlight of my day. I like to see Grace and the squirrels. **When it's dark** and we go to the **park** I can smell **raccoons** and **opossum**. But I like the smell of my home the best.*

Resumen

Un perro describe su paseo al parque. Va al parque todos los días y tiene expectativas de lo que encontrará en el parque y de lo que hará una vez que esté allí. Hay muchas vistas, sonidos y olores. Su vida es agitada y vemos lo que es desde la vista de un perro.

Summary

A dog describes his walk to the park. He goes to the park every day and has expectations of what he will find at the park and what he will do once he is there. There are lots of sights and sounds and smells. His life is eventful and we see what it's like from a dog's eye view.

Vocabulary

Spanish	Pronunciation	English
aburrida	ah-boo-**ree**-dah	**boring**
abrocharse	ah-bro-**char**-seh	**to button**
agua	**ah**-gwah	**water**
algunos	al-**goo**-nos	**some**
ardilla	ar-**dee**-yah	**squirrel**
apartamento	ah-par-tah-**men**-toh	**apartment**

como su amiga	**ko**-mo soo ah-**mee**-ga	as her friend
conejo	ko-**nay**-ho	rabbit
cuando oscurece	**kwan**-do os-**koo**-re-seh	when it's dark
cuervo	**kwer**-voh	crow
hogares	oh-**ga**-res	homes
intentamos	een-ten-**ta**-mos	we tried
interesado	een-the-re-**ssa**-doh	interested
el paseo	el pah-**seh**-o	the walk
en el camino	en el ka-**mee**-noh	on the way
ensalada	en-sal-**a**-dah	salad
esto sucede	**es**-toh soo-**seh**-de	this happens
la perra	la **peh**-rah	the dog
las arrojan	las ah-**roh**-han	they throw them
le gusta	leh **goos**-tah	she likes
le interesan	leh een-the-**reh**-ssan	is interested
mapaches	mah-**pah**-chays	raccoons
me golpeó	meh gol-pe-**oh**	hitting me
mi madre	mee **mah**-dreh	my mom
mejor parte	meh-**hor par**-teh	best part
nuestros paseos	noo-**ess**-tros pah=**sse**-os	our walks
ocurre	oh-**koo**-reh	occurs
oler	o-**lair**	to smell
parque	**par**-keh	park
pelota	pay-**loh**-tah	ball
rápidos	**rah**-peed-dos	fast
ritmo rápido	**reet**-moh **rah**-peed-doh	fast pace

sale	**sah**-leh	comes out
se distrae	seh- dees-**tra**-eh	gets distracted (he/she)
suben	**soo**-ben	run up
su lechuga	soo leh-**choo**-ga	her lettuce
tengo hambre	**ten**-goh **am**-breh	i'm hungry
una vez	oonah bess	once
zarigüeyas	thar-ee-**guay**-yahs	possums

Questions about the story

1. ¿Qué animal persigue Grace?

    a. mapache
    b. perro
    c. ardilla

2. ¿Qué animal persiguió Chuleta de los arbustos?

    a. conejo
    b. zarigüeya
    c. ardilla

3. ¿Cuál es el olor favorito de Chuleta?

    a. cuervo
    b. casa
    c. hierba

Answers

    1. c
    2. a
    3. b

Chapter 18: Una Noche con Amigos / A Night Out with *Friends*

Parte 1

Gloria va a salir esta noche con sus amigos. Será una noche divertida. **Su esposo**, Héctor, saldrá esta noche con sus amigos. Él también **se divertirá**. Pero **simplemente** no se divierten de la **misma manera**.

Gloria **lleva** un bonito vestido de verano con sus **tacones planos**. Héctor está vestido con jeans y una **camiseta deportiva**. En sus Nike favoritos, se encuentra con sus amigos en un bar para ver un juego en la televisión de pantalla grande. Gloria va a cenar con sus amigas.

Gloria se encuentra con sus amigas en el **restaurante**. Todos se ven muy bien porque es una de las **pocas veces** que se encuentran cada año. Se reúnen en su restaurante favorito y ordenan sus **comidas favoritas** con algunas bebidas para acompañar. Gloria tiene 35 años. Sus amigos son de su edad. Algunos tienen hijos, otros no. Gloria no tiene hijos, pero le gusta ver a sus amigas y pasar un buen rato. Como todos están casados, no siempre es fácil encontrarse.

Héctor se encuentra con sus amigos en un **pub** local. Tienen un televisor de pantalla muy grande y están jugando los juegos que todos quieren ver. Cuando llega Héctor, uno de sus amigos ya está allí. Él ha estado allí por algún tiempo, con pequeños en casa, está feliz, pero ansioso por dejar al bebé que lloraba. Quiere llegar a casa lo antes posible. Su amigo está bebiendo un refresco, pero Héctor pide una **cerveza**. Son momentos como estos que alegran a Héctor de no tener hijos. Pero él sabe que lo tendrá pronto, así que lo está pasando bien por ahora.

******

Gloria is going out tonight with her friends. It will be a fun night. **Her husband**, *Hector, is going out tonight with his friends. He will* **have fun** *too. But they* **just** *don't have fun in the* **same ways**.

Gloria is **wearing** *a nice sundress with her* **flat heels**. *Hector is dressed in jeans and a* **sports jersey**. *In his favorite Nikes, he is*

*meeting his friends at a bar to watch a game on the big screen TV.
Gloria is going out for dinner with her friends.*

*Gloria meets her friends at the **restaurant**. They all look very nice
because it's one of the **only times** they meet each other each year.
They meet at their favorite restaurant and order their **favorite
foods** with a few drinks to accompany. Gloria is 35 years old. Her
friends are all around her age. Some have children, some do not.
Gloria does not have any children, but she likes to see her friends and
have a good time. Since they are all married, it's not always easy to
meet.*

*Hector is meeting his friends at a local **pub**. They have a very large
screen TV and are playing the games that everyone wants to see.
When Hector arrives, one of his friends is already there. He has been
there for some time, with little ones at home he is happy but anxious
to leave the crying baby. He wants to get home as soon as possible.
His friend is drinking a soda, but Hector orders a **beer**. It's times like
these that make Hector glad he does not have children. But he knows
he'll have some soon so he's having a good time for now.*

Parte 2

Gloria: ¡Damas, comencemos con las bebidas para adultos!

Todos sus amigos asienten de acuerdo.

En el menú, hay muchas opciones de **vino**, bebidas mixtas, cerveza y
chupitos. Hay tantas opciones.

Gloria **no puede** decidir qué beber, así que mira la comida. Ella
piensa que tendrá pollo o pescado. Ella decide pescado cocido con
arroz en una hoja de plátano. Entonces, **ella ordena** el vino blanco.
Sus amigos pidieron una variedad de vinos y cervezas. Luego
ordenaron ensaladas de lechuga, aceite de oliva, vinagre balsámico,
tomate y queso de cabra.

Después de la ensalada y el alcohol, nadie tenía mucha hambre, pero
cuando los platos principales vienen con pescado al horno, pechuga de
pollo salteada y un estofado de ternera, todos comieron con gusto.

El menú de **postres** incluye manzanas y peras en tarta, así como pastel de chocolate con relleno de chocolate y glaseado de chocolate. Las damas ordenaron uno de cada uno.

Gloria: La comida estaba deliciosa. ¿Pero qué han estado haciendo desde la última vez que hablamos?

Amigo 1: He estado planeando una fiesta de cumpleaños número 40 para mi hermana. Será una **sorpresa** y ella no sospecha nada. Eso es porque tampoco le dijimos a su esposo. No puede ocultarle nada.

Todas las damas se rieron.

Amigo 2: Comencé a tomar clases de guitarra. Siempre quise aprender y ahora tengo tiempo y dinero para hacerlo. No soy muy bueno, pero disfruto poder tocar un poco. Es divertido.

Gloria: Eso es lo **importante**. Tienes que hacer algo para hacerte feliz. Me gusta tejer para relajarme. Comencé a hacer un patrón para un sombrero que a los niños realmente les gusta. Es posible que pueda vender el patrón en Internet. Incluso si no lo hago, lo estoy pasando bien haciéndolo.

Amigo 3: Eso **suena genial**. Siento que paso todo mi tiempo trabajando o cuidando la casa y los niños. Es por eso que dejo a los niños con mi madre por un fin de semana y voy a un spa. Solo quiero relajarme y recargar mis baterías.

Las damas terminan los postres y después de una bebida final, se van para regresar a casa. Están felices de haber pasado tiempo con viejos amigos.

******

Gloria: Ladies let's get things started with adult beverages!

All of her friends nod in agreement.

*They look at the menu there are many choices of **wine**, mixed drinks, beer, and shots. There are so many choices.*

Gloria **cannot** decide what to drink so she looks at the food. She thinks she will have chicken or fish. She decides on fish cooked with rice in a banana leaf. So, **she orders** white wine. Her friends ordered a variety of wines and beers. Then they ordered salads of lettuce, olive oil, balsamic vinegar, tomato, and goat cheese.

After the salad and alcohol, no one was very hungry but when the entrees come with baked fish, sautéed chicken breast, and a beef stew, everyone ate with gusto.

The **dessert** menu includes apples and pears in a tart, as well as chocolate cake with chocolate filling and chocolate frosting. The ladies ordered one of each.

Gloria: The food was delicious. But what have you all been doing since we last talked?

Friend 1: I have been planning a 40th birthday party for my sister. It will be a **surprise** and she doesn't suspect anything. That's because we didn't tell her husband either. He can't keep anything from her.

All the ladies laughed.

Friend 2: I started taking guitar lessons. I always wanted to learn and now I have time and the money to do it. I'm not very good, but I am enjoying being able to play a little. It's fun.

Gloria: That's what's **important**. You have to do something to make yourself happy. I like to knit to relax. I started making a pattern for a hat that children really seem to it like. I may be able to sell the pattern on the internet. Even if I don't, I am having a good time doing it.

Friend 3: That **sounds great**. I feel like I spend all my time either working or taking care of the house and kids. That is why I am leaving the kids with my mother for it a weekend and going to a spa. I just want to relax and recharge my batteries.

The ladies finish the desserts and after a final drink, they leave to return home. They are happy to have spent time with old friends.

Parte 3

Héctor y sus amigos pidieron más cerveza que comida. Su único amigo se quedó con los refrescos, pero el evento principal esa noche fue **el juego**.

Héctor: Disculpe, tráiganos un **plato de tapas** y aperitivo de mariscos. Luego nos gustaría pizza Margherita y otra ronda para cada uno de nosotros.

Camarero: Sí señor.

Héctor: Entonces, ¿Qué está pasando con ustedes?

Amigo 1: No mucho.

Amigo 2: ¿Creía que te **ibas a casar**?

Amigo 1: Será una boda pequeña. **Realmente** no tengo nada que ver con la planificación. Todos ustedes están invitados. Pero no habrá nadie conmigo además de mi hermano. Espere las invitaciones en una semana más o menos. Las bodas de unos pocos meses.

Amigo 3: ¿**Todavía** vamos a pescar en mayo? Necesito algo que esperar. Mi trabajo me está volviendo loco. Si se entera de alguna apertura en alguna parte, hágamelo saber.

Héctor: Sí. El juego está de vuelta.

Y los hombres vieron el partido, animando a su equipo favorito bebiendo cerveza y Coca-Cola. Era justo como les gustaba pasar tiempo juntos.

******

*Hector and his friends ordered more beer than food. His one friend stuck with soda, but the main event that night was **the game**.*

*Hector: Excuse me, please bring us a **platter of tapas** and seafood appetizer. Then we would Margherita pizza and another round for each of us.*

Waiter: Yes sir.

Hector: So, what is going on with you guys?

Friend 1: Not much.

*Friend 2: I thought you **were getting married**?*

*Friend 1: It's going to be a small wedding. I don't **really** have anything to do with the planning. You guys are all invited. But there won't be anyone standing up for me besides my brother. Expect the invitations in a week or so. The wedding is in a few months.*

*Friend 3: Are we **still** going fishing in May? I need something to look forward to. My job is driving me crazy. If you hear of any openings anywhere let me know.*

Hector: Yeah. The game is back on.

And the men watched the game, cheering for their favorite team drinking beer and Coca-Cola. It was just as they liked to spend time with each other.

Parte 4

Gloria y Héctor llegaron a casa al mismo tiempo.

Gloria: ¿Cómo están todos?

Héctor: Todos parecen estar bien. Olvidé que Ignacio y Violeta se casarán dentro de unos meses. Deberíamos recibir la invitación en las próximas semanas.

Gloria: Eso es correcto. Revisaré el **registro nupcial** y les daré un regalo.

Héctor: Claro. Algo masculino como una **motosierra**.

Gloria: Por supuesto. Si Violeta pide una motosierra, se la conseguiré.

Héctor: Genial. Vamos a la cama. Tomé demasiada cerveza. No puedo permanecer despierto mucho más tiempo.

Gloria: Bebí vino. Es toda la comida que comí lo que me está cansando.

Héctor: Quedémonos en casa el próximo fin de semana para poder **descansar** para la boda. Nos estamos haciendo viejos y las fiestas nos cansan mucho.

Gloria: Habla por ti mismo. **Soy joven.** Puedo salir todas las noches. Solo necesito una siesta larga primero. Vamos a tomar una siesta de 8 horas en este momento. Tenemos tareas que hacer en la mañana.

******

Gloria and Hector got home around the same time.

Gloria: How is everyone doing?

Hector: Everyone seems to be fine. I forgot that Ignacio and Violeta will be married in a few months. We should be getting the invitation in the next few weeks.

Gloria: That's right. I will check the **bridal registry** *and get them a gift.*

Hector: Sure. Something masculine like a **chainsaw***.*

Gloria: Of course. If Violeta asks for a chainsaw, I will get it for them.

Hector: Great. Let's go to bed. I had too much beer. I can't stay awake much longer.

Gloria: I drank wine. It is all the food I ate that is making me tired.

Hector: Let's stay home next weekend so we can **rest up** *for the wedding. We are getting old and parties make us very tired.*

*Gloria: Speak for yourself. **I'm young**. I can go out every night. I just need a long nap first. Let's go take an 8-hour nap right now. We have chores to do in the morning.*

<u>Resumen</u>

Una pareja casada pasa la noche por separado. Él sale con sus amigos y ella sale con sus amigos. Pasan la noche afuera haciendo las mismas cosas, pero de diferentes maneras. Ambos se van a casa temprano y deciden que se están haciendo viejos para estar en la calle hasta tarde...

<u>Summary</u>

A married couple spends the evening out separately. He goes out with his friends and she goes out with her friends. They spend the night out doing the same things but in different ways. They both go home early and decide they are getting too old to stay out late.

<u>Vocabulary</u>

Spanish	Pronunciation	English
camiseta deportiva	kah-mee-**seh**-ta de-port-**tee**-bah	**sports jersey**
cerveza	ser-**vay**-sah	**beer**
comidas	koh-**mee**-das	**foods**
descansar	des-kan-**sar**	**rest up**
divertirse	dee-ver-**teer**-say	**enjoy oneself**
el juego	el **hooe**-goh	**the game**
ella ordena	eja or-**deh**-na	**she orders**
favoritas	fa-boh-**ree**-tas	**favorite**
importante	im-port-**tan**-teh	**important**
lleva	**je**-ba	**wearing**
manera	ma-**neh**-ra	**ways**

misma	**mees**-ma	same
motosierra	mo-to-see-**air**-ah	chainsaw
no puede	noh **pooe**-deh	cannot
planos	**plah**-nos	flat
plato de tapas	**plah**-tohs	platter of tapas
postre	**poh**-stray	dessert
pocas veces	**poh**-kas **beh**-sess	only times
pub	**pahb**	pub
realmente	reh-al-**men**-teh	really
registro nupcial	re-**hee**-stroh nup-**cee**-al	bridal registry
restaurante	res-taw-**ran**-tay	restaurant
simplemente	sim-pleh-**men**-teh	just
sorpresa	sor-**preh**-sah	surprise
soy joven	soy **ho**-ben	i'm young
su esposo	soo es-**poh**-soh	her husband
suena genial	**swe**-na he-nee-**al**	sounds great
tacones	tac-**coh**-nes	heels
todavía	toh-dah-**beea**	still
vino	**bee**-noh	wine

Questions about the story

1. ¿Qué ordenan los hombres a comer?

   a. pizza y tapas
   b. salchichas
   c. filete

2. ¿Qué piden las mujeres para el postre?

a. helado
b. pastel de chocolate
c. Fruta

3. ¿Qué regalo deciden dar a sus amigos para casarse?

a. gafas
b. cafetera
c. motosierra

<u>Answers</u>

1. a
2. b
3. c

Conclusion

You made it through the *Spanish Short Stories for Beginners:17 Engaging Stories with Common Words, Phrases and Easy Lessons.* The stories provided words and phrases that are common in speaking Spanish. To build on the lessons you have learned, read the stories again together with the pronunciation guide. The more often you read the stories, the more you will understand as you read. Practice reading the stories out loud. This will help you with pronunciation and the phrases and will become second nature. Practice makes perfect. With seventeen stories, you will not become bored with the lessons. After you have a general understanding of the story, go back and study the vocabulary and how it is used in the stories. Repeated exposure to the stories will make the transition to understanding and speaking Spanish natural. Learn the language the same way native speakers learn, by using the words after you hear them.

This book was designed to provide an easy entry into being a speaker of Spanish. The stories are entertaining and allow you to know what words are used in common situations. The dialogues show you what to expect in travel situations to areas where Spanish is spoken. Hopefully, having completed this book, you feel that you have learned to have a conversation in Spanish and understand the language when you see and hear it.

Finally, if you found this book useful in any way, a review is always appreciated!